Vasi Rădulescu

Dragă inimă

ediția a II-a

Readers Do Good, București, 2019
www.readersdogood.ro

Descrierea CIP a Bibliotecii Naţionale a României
RĂDULESCU, VASI
Dragă inimă / Vasi Rădulescu. - Bucureşti : Readers Do Good, 2019
ISBN 978-606-94806-3-2

821.135.1

Carte tipărită cu grijă la ArtPrint

Editura Readers Do Good, BUCUREŞTI, 2019
www.readersdogood.ro

pentru toate celelalte inimi.

Cuvânt înainte

Mi-am dorit să scriu ceva care nu pare scris. Să pară viață. Asta am vrut. Aș minți dacă aș spune că nu mă interesează câtuși de puțin efectele cuvintelor mele asupra cititorilor. Aș vrea ca ei să trăiască odată cu scrisul, să vibreze prin imaginile născute, să spună „da, parcă sunt și eu acolo, parcă respir în acele momente". Nu cred în scrisul complicat. Cred în scrisul simplu, și e complicat să obții simplitatea asta.

Nu sunt sigur că voi liniști niște inimi. Sau că le voi tulbura pe altele. Poveștile înșiruite aici poate că par incredibil de triste, dar ele reprezintă viața adevărată și toate nasc un vlăstar care poate intra în inimile fiecăruia, făcându-le un pic mai bune.

M-am chinuit teribil scriind. Sunt sigur că am terminat de scris cartea și cumva n-am terminat-o, pentru că aș fi putut să pornesc de la fiecare capitol în parte, să-l las puțin să germineze și apoi să nasc din el câte o carte distinctă. Să-i zic, uite, îți dau timp, nu e nicio grabă, dar la un moment dat te vei ridica și vei merge.

Dar m-am oprit aici. Și e foarte bine așa.

Dragă inimă,

Știu cum stai tu acolo, în capul pieptului, și bați zi de zi, oră de oră, minut de minut, secundă de secundă, tum ta ta, tum ta ta, odihnindu-te puțin spre deloc. Când mă mut pe partea stângă, te aud. Când am câte o emoție, îți simt ritmul galopant, încă regulat; percep o senzație ciudată spre gât și-mi imaginez cum urci iute pe o scară și te așezi acolo, oprindu-mi corzile vocale. Când sunt protagonistul vreunui atac de panică, ba o iei la trap, ba parcă te oprești, umplându-mă de angoase. Cred că o să mor din cauza ta. Poate nu acum, poate mai târziu, dar cred că o să mor din cauza ta.

Îți sugerez să iei totul mai ușor. Să nu mai pui toate lucrurile la tine, să te relaxezi un pic, să-ți faci treaba ta esențială și nimic în plus sau în minus, că altfel bate la ochi. Mă rog nici să nu ajungi de piatră, că nu e bine. O inimă de piatră ce trimite prin corp, nisip? Parcă văd una dură, cum se frământă, cum se erodează treptat, până dispare. N-aș vrea să nu mai am inimă din cauză că am avut una de piatră. Te mai rog ceva. Rămâi ascunsă. Ține lucruri bune în tine, dar nu ieși la vedere cu ele. Cine vrea și poate să le vadă, le percepe oricum. Noi doi vom avea o relație deosebită, vei vedea. Mai multe nu-ți spun acum.

Cu drag,
V.

1

Mă tem de puține lucruri. Cel mai mult mă tem de lipsa iubirii sau de singurătatea care depășește acel prag suportabil, în care statul cu tine însuți nu e dureros, ci chiar prielnic. Într-o zi, când nici un pic de vânt nu făcea rotocoale răcoroase și cerul era clar ca o fereastră proaspăt spălată, mi-a dat prin cap să fac ceva. O fugă. O primă conștientizare. Văd o pădure. Frumoasă, mai mult lungă decât lată, prinsă între un munte pe o parte și alt munte pe altă parte, ca-ntr-un început congruent cu sfârșitul. La capătul ei observ o ceață cum se ridică gâdilând crestele copacilor încă verzi. Zbor într-acolo. Apare un curcubeu. La baza lui zăresc un cal. Mă parchez lângă și declanșez o vorbuliță.

– Mă doare inima, îi arunc.

– Tu n-ai inimă, îmi zice. Mă uit spre piept și observ un gol.

– La naiba. Atunci ce mă doare?

– Te doare lipsa ei.

– Ce pot să fac?

– Poți să trăiești bine-mersi și-așa. Sau poți să mă rogi frumos să îți dau una.

– Ai mai multe?

– Oho. Tu de ce crezi că am cornul ăsta în frunte?

– Chiar nu am idee. Poate îmi explici.

– Eu sunt unicorn, ființă iubită de toată lumea. Puțini știu însă rostul meu…

– Hai, spune mai multe. M-ai făcut curios.

– Știu, știu. Uite care e treaba. Am cornul ăsta cu o misiune. Cine stă mai mult de trei ani fără să iubească, ei bine, nu-și merită inima. Atunci eu îi iau urma, îl prind în poziția cea mai bună și-l înțep în piept, scoțându-i-o.

– Poziția cea mai bună?

– Da. E relativ ușor. Omul se apropie calm de mine, îmi atinge cornul, coama, se minunează și nici nu realizează cum îmi pun arma ascuțită în dreptul inimii.

– Cine te lasă să faci asta?

– Chiar mintea celui ce nu iubește.

– La ce bun, mă rog?

– Ca o conștientizare, să zicem așa. Omul își vede golul rămas și-ncearcă a-l umple cu altceva. De cele mai multe ori cu lucruri materiale. Și devine tot mai nefericit. Nu-și mai găsește niciun sens. Atunci, tot mintea lui mă cheamă iar.

– Așa, și? Ce se petrece mai departe?

– Îi ofer altă inimă.

– Începe omul să trăiască altfel?

– Oarecum. Începe să renunțe la nimicuri și să trăiască într-un ritm simplu. Tum ta ta tum ta ta. Ritmul perfect al inimii. Totul în jur devine iubire. Omul nu mai e limitat la eul său, ci curge prin toate elementele din jurul lui. Numai iubire.

– Frumos mai sună. Pot să-mi aleg și eu acum o inimă nouă?

– Chiar te rog.

– Uite, o vreau pe cea de acolo, chiar de sub curcubeu.

– A ta e. Mergi sănătos, totul va fi bine.

*

– A ales-o fix pe cea veche a lui, nu-i așa? întrebă o vulpe cu părul vâlvoi, pesemne mâna dreaptă a unicornului.

– Bineînțeles. Toți fac așa, e scris în mintea lor.

– Va fi fericit? spuse roșcata.

– Mereu a fost, numai că s-a luat cu alte gânduri inutile, răspunse unicornul.

2

– Ia-mă de mână și trage-mă mai aproape.
– De ce?
– De mână.

Avea ochi albaștri ca un cer dezbrăcat de iunie și buzele îi erau cireșii, așa goale, neascunse sub vreun ruj aiuritor. Îi picaseră obrajii de boală și totuși era atât de frumoasă. Părul pieptănat atent, cu cărare pe mijloc, era des și alb. Semăna cu doamna în vârstă din Titanic, cea care, în tălpile goale, s-a suit pe barele de la pupa vaporului de cercetare și, cu emoție în trup, a dat drumul bijuteriei spre fundul oceanului, eliberându-se de un trecut apăsător. Când am văzut-o prima oară, m-a lovit liniștea.

– Tu nu te dai cu cremă?
– De ce?
– Păi ai mâinile aspre.

Stătea în patul din salon, ridicată în șezut, să respire mai bine. Am intrat și ne-am privit ochi în ochi. Îi dădeam vreo 65 de ani; aveam să constat repede că trecuse de 90. Eram încă rezident când ne-am intersectat prima oară – eu, medicul tânăr, dumneaei, pacientul vârstnic care îți intră în cap și căruia nu ai cum să-i mai uiți povestea. Era o inimoasă, după cum mai spunem noi celor care au inimile mărite, la propriu, din cauze diverse, de la hipertensiune la insuficiență avansată și până la boli genetice.

– Pune sonda aici, nu ai mai văzut așa ceva, îmi spune doctorul alături de care lucram.
– E ceea ce cred eu că e?
– Da. Tot ăsta e atriul stâng.

M-a lăsat să pun sonda aproape de partea stângă a sternului și ecranul ecografului mi-a arătat un atriu stâng cu un diametru lung de 12 centimetri. Nu mai văzusem așa ceva. Se mărise prin dilatație, din cauza insuficienței cardiace avansate, a unei stenoze aortice, a unei insuficiențe mitrale severe. Cu toate acestea, inima își găsise singură un echilibru.

– Au, mă doare când apăsați acolo!
– Aici? Dar ce aveți aici?
– Cancer. Cancer de sân.

M-am retras la birou, răsfoind aievea foaia de observație. Era un neoplasm de sân stâng, printre maldărul de diagnostice. Un neoplasm care stârnea o pleurezie stângă, ce se tot refăcea, foarte greu de controlat. Când se formează „apă la plămâni", medicul intră cu acul tangențial cu marginea superioară a unei coaste, străbate peretele toracic, înțeapă pleura și ajunge în cavitatea pleurală, de unde evacuează lichidul. Procedura are și scop diagnostic uneori, cât și terapeutic; avantajele imediate pentru pacient sunt ameliorarea dispneei și un confort sporit în actul respirator.

– Am înțeles că urmează să dați examenul de specialitate.

– Da. Marțea viitoare.

– O să fiți un medic bun.

După toracocenteză, a respirat mult mai bine. Venise cu dispnee în repaus, într-o stare sever alterată; cu toate acestea, era liniștită și scruta salonul cu ochii ei albaștri. Am pus-o în șezut, aplecată mult în față. Doctorul a șters spatele cu betadină, a injectat anestezic strat cu strat, a schimbat seringa cu una mare de 20 de mililitri, a extras un lichid gălbui pentru analize, apoi a montat un tub de plastic, ca lichidul să se scurgă într-un recipient marcat. 1700 de mililitri au ieșit, și-am încheiat procedura. Apoi, era toată un zâmbet.

– Veniți și dați urechea aproape, să vă spun ceva.

– Ce anume?

– Vă mulțumesc pentru tot.

Într-o zi, eram de gardă și stăteam la birou, în salonul special de cardiologie, uitându-mă pe niște scheme de tratament. Doamna B. dormea, cu spatele pe două perne, cu trupul pe o saltea specială, ca să nu facă escare de decubit prelungit. Vorbesc cu fiica dumneaei și-mi spune ce persoană bună a fost toată viața, cum a terminat două facultăți, cum îi plăcea să facă totul cu respect pentru ceilalți și pentru propria persoană, cum a lucrat zeci de ani cu brio prin câteva ministere, cum s-a purtat impecabil cu nepoții. Vorbesc și suprapun totul la perfecție peste omul care stătea în pat, dormind. Erau lucruri naturale, știam că exact așa fusese, după doar câteva zile de interacțiune.

– Vreau și eu iaurt, cine mi-a luat iaurtul meu din frigider?

– Nu aveați niciun iaurt în frigider, îi răspunde infirmiera.

– Ei da' de unde, iaurtul cu fructe, despre acela vorbesc.

Când am echilibrat lucrurile, am externat-o. A stat acasă câteva săptămâni, apoi a revenit în spital. Aveam să o văd și să particip la tratarea dumneaei, iar și iar. Aveam sentimente amestecate: îmi făcea plăcere să o văd și totuși mă întristam, observând-o tot mai slăbită, într-o stare tot mai rea. Îi căzuse și bula lui Bichat, grăsime care conturează tâmplele. Era încă foarte frumoasă. Scoteam lichid la câteva zile, respirația se îmbunătățea, apoi intram în aceeași vrie. Într-o zi mai friguroasă de noiembrie, îmi prinde o mână între ale ei și-mi spune că am pielea uscată. Să mă dau cu puțină cremă.

– Ce ați făcut la examen?
– L-am trecut cu o notă foarte bună.
– Știam eu.

Văzuse, la una dintre internări, o altă pacientă mâncând iaurt. Era confuză, vorbea când lucid, când neclar; nu prea mai știa ce se petrece în jur. Credea că avea iaurt în frigider și-l cerea. Infirmiera a infirmat acest lucru, dar mi-a venit o idee, pe loc. Am fugit la buticul de la parter, i-am cumpărat iaurt cu fructe, am luat o lingură curată și m-am așezat la dreapta dumneaei, pe pat. I-am dat, puțin câte puțin, tot iaurtul, spunând „tare bun trebuie să fie, hai, că mai aveți nițel, încă una și terminăm". De la o vârstă, cred că cercurile mici ale vieții se rezumă la un mare cerc și el pare să se încheie într-o stare asemănătoare copilăriei. Devenim prea mari ca să mai existăm și prea mici ca să o luăm de la capăt.

– Cine ești tu?
– Sunt doctorul de aici.
– Doctorul tânăr?
– Da.
– Ah, ce mă bucur să te văd.

Înainte de sărbători, venise în gardă, cu ambulanța, într-o stare pseudocomatoasă. Am discutat îndelung cu familia, am adus în calcul chinurile, tot mai dificila strădanie de a obține iar echilibrul. Dorința lor cea mai mare era să facă toți Crăciunul acasă, să mai reușim cumva o ieșire spre linia de plutire. Am vizitat-o și seara – perioadele de confuzie erau tot mai lungi. Stăteam pe patul gol de lângă și-i priveam ochii albaștri, părul alb, chipul calm. Îmi cere mâna, mi-o prinde iar cu ambele ale ei, mă trage aproape cu urechea și-mi șoptește: vă mulțumesc pentru tot.

– Cum este? am întrebat la telefon.
– A stat cuminte, într-o stare relativ bună,
înconjurată de toată familia.
– Ce bine.

După sărbători, doamna B. a fost internată iar. Același atriu uriaș, același lichid prea galben și prea mult, prea multe dezechilibre într-un corp atât de firav. Am vizitat-o și nu m-a mai recunoscut. Vorbisem mult cu familia despre ce înseamnă moartea și cum, din păcate, uneori oamenii se desprind de lumea asta cu mintea prea tulbure, fără să mai recunoască mare lucru.

Pe o gardă oarecare, după niște zile, o rezidentă mi-a trimis un mesaj scurt: „vezi că a murit doamna B. Știu că voi vă atașaserăți și-am zis să te anunț." Au căzut peste mine, brusc, toate momentele petrecute împreună. Apoi m-a lovit liniștea, aceea care te surprinde când ridici capul și vezi un cer dezgolit, de-un albastru pur, căruia nici măcar nu-i poți percepe profunzimea. Nu știi dacă se termină la o sută de metri sau dacă se continuă la infinit.

Pur și simplu, există pacienți cu inimi mari, la propriu. Eu am reținut asta, dar mai mult am ținut minte inima aceea care nu se vede și stă cuibărită prin tot corpul unor oameni. Aceea era și mai mare.

3

Unchiul Amon deschidea ușa sobei și se așeza greoi pe parchetul vechi, ce scârțâia ca și cum l-ar fi apăsat un tanc de război. Jarul roșu din sobă aprindea în el cheful de tutun și de povestit. Așa fuma de fiecare dată când era în casă, pus pe șezut, cu fumul trimis direct în sobă. Ca să-și aprindă țigareta fără filtru, ducea mâna aproape de jar, atingea vârful țigării de un cărbune, aștepta să se aprindă tutunul, apoi trăgea câteva fumuri scurte, rapide. Privindu-l atent, riscai să cazi într-o formă de hipnoză. Mă cuibăream în fotoliul rupt, din brațele căruia ieșeau ghemotoace de lână. Trebuia să înceapă o poveste și inima îmi bătea cu putere.

Unchiul Amon își alegea cu grijă cuvintele, de parcă erau vii. Stătea mult pe gânduri și scormonea în memoria lui, scoțând de acolo ce era mai bun. Fără să-și dea seama, repeta iar și iar aceleași povești, dar acest lucru nu mai deranja pe nimeni, pentru că modul lui de a elibera sunetele printre buze fascina pur și simplu.

– Să nu mai băgați lemne sau cărbuni, soba asta e foarte bine făcută și la cum frige acum, sigur va ține până mâine la prânz.

– Ce zici tu, camera e mare aici, la șapte ne trezim

înghețați, îl blochează mama.

– Eu așa văd lucrurile. Păi uite de ce nu ține. Ușița de jos se lasă deschisă numai când duduie focul, să tragă. Atunci trage. Când soba frige și e jar mult înăuntru, ușița de jos se închide, să rămână căldura acolo. Aici greșeați voi.

– Lasă că la cât ții matale ușa mare deschisă, se duce naibii căldura.

– Ai vrea să fumez și să dau fumul în casă, spre voi?

– Aș vrea să nu fumezi deloc. Ai degetele galbene și tușești întruna. O să mori de cancer la plămâni.

– Tata a murit la 93 de ani și fuma două pachete pe zi.

– Poate d-asta s-a și dus la 93. Poate ajungea la 120 dacă nu fuma.

– Viața e bună atât cât e, numai să te bucuri de ea, chiar și scurtă. Nu-mi lua plăcerea asta. Altfel nici nu mai vin la voi.

– Ba o să vii, că sunt înnebuniți după matale. Stau cuminți și te ascultă. Ce le mai spui azi?

Și-a potrivit spatele pe peretele văruit în alb. La un metru înălțime, varul avea trasată deasupra o dungă ruginie, de nici un centimetru lățime. Același tip de dungă se găsea și pe tavan, care delimita un dreptunghi mare văruit în alb de niște tușe date cu vopsea crem. Mirosea vag a tutun, fără să fie fum în cameră. O să le spun ceva despre inimă, cred că și-a zis în gând unchiul Amon. M-am cufundat în fotoliu, îndoind piciorul drept și punându-l sub gamba celui stâng. Urma să aud, pesemne, o istorioară pe care o știam. Sau poate că nu.

În al Doilea Război Mondial, nemții voiau cu tot dinadinsul să ocupe Malta, pentru că englezii își țineau acolo o parte din flotă și controlau apele Mediteranei. Primele care au atacat au fost avioanele italiene, care s-au descotorosit de bombe lejer, fără să fie amenințate. Apoi au venit nemții, cu flota lor renumită. Ce să vezi, o mână de maltezi au rezistat eroic și, chiar dacă bombele aruncate peste ei din cer au făcut mari pagube, nu au pierdut insula. Nemții s-au obișnuit greu cu ideea, dar până la urmă au renunțat și s-au concentrat iar pe nordul Africii. În Valletta, într-o clădire din granit, cu balcoane din lemn vopsit în roșu, locuia un tânăr care se numea Matis. Nu toată clădirea era a familiei sale, ci doar apartamentul de la etajul al doilea, ale cărui ferestre și balcoane dădeau spre marea albastră și liniștită. Liniștită, pentru că acolo era un golf ce izola apa din mai multe părți și-i conferea calm. Albastră, pentru că așa e de regulă marea. Matis avea 21 de ani când a izbucnit al doilea mare război. Chiar dacă ocupația britanică lungă și ura dintre englezi și nemți erau cunoscute, nimeni de acolo nu se aștepta la un asediu, pe o insulă mică, bătută de vânturi și de nimic altceva. Hitler avea alte planuri, voind să-i strice lui Churchill socotelile și să aibă o bază apropiată și de Africa, și de Europa.

Matis stătea cu o pușcă din lemn pe balconul mare, cu fereastra centrală deschisă larg. Își imagina, în fiecare zi, cum veneau avioanele inamice pe cer și cum țințea la perfecție, drept în capul pilotului. Împușcătură după împușcătură, vedea cum avioanele picau în apă sau pe stânci, explodând. Rezolva singur tot războiul.

Într-o dimineață, se trezește cu o senzație ciudată. Își ia pușca din lemn, deschide larg fereastra centrală și se lasă în genunchi. Cât ai clipi din ochi, proiectează zeci, sute, mii de avioane pe cerul curat. De ce le-ar mai pune acolo dacă știe că tot el le face să și dispară? Țintește și trage, chiar dacă e la o distanță prea mare. Când îți imaginezi un lucru, distanțele nu mai contează. Trage iar și iar, încarcă pușca, închide un ochi, apasă trăgaciul în ultima fază a expirului prelung. Nu cade niciun avion. Ele se apropie, zumzăitul motoarelor devine evident, se aud zgomote grave de explozii și se văd miile de bombe lăsate să cadă pe insulă. Nu așa își imaginase scena. Nu mai avea lucrurile sub control. Un avion se apropie și tirul mitralierei lovește clădirea, de jos în sus. Gloanțele ricoșează sau se înfig în pereți, sparg lemnul vopsit în roșu al balconului, spulberă sticla ferestrelor. Un glonte străpunge pieptul lui Matis, iar acesta se prăbușește pe podea. Bucata de metal fierbinte intră la două degete în stânga sternului, în dreptul inimii. Băiatul e speriat, inima îi bate haotic, nu mai simte nicio durere. Leșină. Dar nu moare. Mai târziu, Churchill cinstește apărătorii curajoși ai Maltei și-i decorează. Matis primește o stea în piept și o pușcă adevărată.

– De ce nu a murit, dacă glonțul s-a dus în dreptul inimii? l-am întrebat.

– De ce nu a murit? Păi voi să-mi spuneți, că doar nu vreți să vă zic direct orice. Trage din țigaretă și scrumul are deja vreo trei centimetri lungime, fără să cadă. Când trage un fum, rotește ușor mâna și, în mod automat, păstrează scrumul în echilibru.

– Avea vestă antiglonț?

– Nici pomeneală.

– Ținea în buzunarul de la piept niște monede și s-a oprit glonțul în ele?

– Purta o bluză fără buzunar la piept.

– Ne cam păcălești, unchiule Amon...

– Nici pomeneală. Vă mai gândiți?

– Ne mai gândim, dar cât să ne mai gândim?

– Vă las câteva zile și când mai vin pe aici, îmi spuneți niște variante.

– Bine. Ne gândim!

Unchiul Amon nu a mai venit. A făcut atac de cord, probabil de la vase înfundate și stricate de prea mult tutun. Nu fusese niciodată în Malta. Nu luptase în niciun război. Nu părăsise niciodată țara. Poveștile le croia din ce mai citea, punând laolaltă informații variate. Nu intra pe internet ca să vadă cum arată casele în Malta, cum au balcoanele, cum bate vântul sau cum e apa din golfuri. Cât despre tânărul Matis, n-am aflat de ce nu murise în lupta aceea, dacă era tot una imaginară sau avionul era pe bune, cu mitraliera care a făcut praf clădirea până la nivelul balconului. M-am gândit la o variantă: Matis poate avea situs inversus, cu toate organele așezate invers și inima orientată spre dreapta, deci glonțul a trecut prin plămân în stânga acolo și cam atât. Nu știu. Există lucruri care nu mai pot fi deslușite și poate că e mai bine așa.

4

Sunt cu Elis într-un lan de grâu copt. Am încercat să alerg prin el, dar spicele uscate îmi zgâriau picioarele. Ne-am aruncat pe spate, culcând tulpinile de pai peste pământul negricios. Galben viu. Aproape frate cu lumina. Belșug. Deschidere. Deasupra, albastru care te păcălește, pentru că e o culoare căreia n-ai cum să-i înțelegi profunzimea, ea putându-se prelungi la infinit sau termina la, să zicem, două sute cincizeci și patru de metri în sus.

– Mă dor tălpile în tenișii ăștia, îmi spune Elis.

– Îi vrei pe ai mei? Dar vezi că au pământ în ei. Nu de acum, de la o călătorie trecută. Nu i-am curățat.

– Ai picioarele mai mari decât ale mele! spune și râde larg.

– Treaba ta. Nu-i vrei, nu-i vrei. Ăștia au și o pernă de aer în tălpică.

– M-ai convins. Hai să încercăm.

Vântul desena ceva, unduind spicele. Eram în afara orașului și-l puteam cuprinde între arătător și police. Măsura vreo opt centimetri și jumătate.

– E mult mai bine acum. Ție îți vin?

– Îmi vin fix. Mințeam, țineam degetele în flexie înăuntru.

– Ia să apăs pe vârf, să văd unde se termină degetul mare, s-a arătat curios Elis.

– Apasă. Uite, vezi, e fix aici, nu mă deranjează.

– Vrei mâine să ne luăm niște mâncare la noi și să mergem pe jos de două ori mai mult decât azi?

– Nu pot mâine. Am de făcut ceva acasă.

– Treaba ta. Cred că mă duc singur.

– Știi că dacă pui trei degete lipite în zona asta a încheieturii poți să-ți simți pulsul?

– Puls?

– Bătăile inimii. Le simți aici. Pune mâna.

– O să încerc. Auzi, treaba aia cu medicina e o prostie, cred că îți dai seama. E prea greu. Nu cred că merită.

– Asta o să văd pe parcurs.

– Știu că ai în cameră o grămadă de atlase și tot vorbești despre funcții și chestii din corp, dar te vezi în spital, în mizerie, în sânge în fiecare zi, cu oameni care mor? Eu n-aș suporta să văd un om care moare.

– Poate nu va muri niciunul la mine.

– Pfoai, asta nu se poate. Uite, iau spicul ăsta și, ca și cum te-aș întreba dacă tatăl tău a fost în armată și apoi aș face faza aia cu uite-așa i-a zburat capul, tot așa poate să moară un om. Păi unchi-miu s-a dus în curte să culeagă roșii pentru salată și s-a prăbușit între două rânduri, la 53 de ani. Poc.

– Nu mai încerca să mă sperii. Nu sunt convins că o să

mă fac medic. O să văd eu.

– Bine. Vii mâine?

– Nu vin, ți-am mai zis.

– Ești un dobitoc.

– Dă-mi tenișii înapoi!

– Ia-i. O să merg în picioarele goale. Nu-mi pasă.

– Hai, ține-i, fie. Ne întoarcem?

Aproape de strada lui ne-am oprit, să facem iar schimb de încălțăminte. Șosetele mele albe aveau două pete roșii de sânge, la degetul mare și la cel mic de la piciorul drept. Elis nu a zis nimic, și-a luat tenișii în mână și s-a îndreptat spre casa lui strâmbă, în tălpile goale, prin colbul unei veri de iulie. Strada ține minte toți pașii, mai ales pe cei de picioare goale.

Dragă inimă,

Îți dau următoarele elemente: lumină, ceai verde, raze, lucruri neterminate, durere, luptă, chin, liniște. Știi ce să faci cu ele?

Aștept,
V.

5

Domnul V. are 55 de ani și a fost internat de multe ori în ultimii ani. Inima lui e mărită, are pereții musculari subțiați și slăbiți, reușind să mai împingă 14% din sângele care îi intră în ventriculul stâng. Prin urmare, corpul suferă; respirația grea apare la cele mai mici eforturi și de multe ori în repaus. Stă în șezut, cu patul ridicat spre 90 de grade. Are copii de-o seamă cu mine și ei îl vizitează zilnic. E cuplat la două perfuzii, primind o substanță care mai stoarce din performanța cordului și o alta care mai scade din întoarcerea venoasă. Să găsești un echilibru aici e ca și cum ai căuta acul într-un car cu fân. Îți vine să mănânci fânul de ciudă. Din oră în oră, domnul V. țipă, se sufocă, transpiră. O lumânare aprinsă așteaptă cuminte pe noptieră.

Cum e să fii încă în viață, să ai plămânii îmbibați cu apă, să nu ai putere să te ridici în picioare, să ai o stare de conștiență alterată și, cu toate astea, cu coada ochiului, să vezi o flacără pâlpâind pe noptiera de lângă patul tău? M-am gândit la senzația iminentă a morții pe care a avut-o căpitanul din "În numele porcului" de Pablo Tusset, când mașina sa se răsturnase, el avea niște fiare înfipte în piept, i se scurgea sângele pe gât și față, năpădit fiind de sentimentul categoric al unei morți în desfășurare, care mai avea nevoie de câteva secunde până la final.

Ca medic, în situațiile critice în care nu prea mai ai ce să faci pentru un pacient, te gândești și la cum să chinui mai puțin acel om. Perioada adiacentă morții e încărcată în energii deosebite. Realizezi cât de mărunt ești în fața unei entități care trece pe la fiecare om în parte; aproape de ea, trebuie să păstrezi o umilință și să înțelegi că sunt unele lucruri care nu pot fi înțelese.

– Să dăm dobutamina la un debit mai mare. La 4,8.

– Sigur. I-am pus și patru fiole de furosemid aici. Niște nitroglicerină?

– Cât este tensiunea?

– Opt cu cinci.

– Fără nitro momentan. Betablocantul a fost scos, da?

– Da, de câteva zile.

– Bun, așteptăm puțin.

– Începe să se tahicardizeze. Nu-mi place. Amiodaronă mai avem?

Domnul V. devenise câmp de luptă. Roiau în jurul lui medici, rezidenți, asistente, un profesor, infirmiere. Era epuizat și respira rapid, superficial.

Hainele pe el erau ude de transpirație. În antebrațe avea înfipte branule în care intrau câte două piese în

Y, ce ar fi putut susține un maximum de patru perfuzii endovenoase. Când am atins un oarecare echilibru, am ieșit cu toții și i-am lăsat familia aproape, soția și cei doi copii. La o oră distanță, domnul V. se ridicase din pat, își smulsese branulele și ieșise pe hol. După câțiva pași, se făcuse alb la față și era pe punctul de a leșina, dar a fost imediat recuperat și pus în pat. Tot ce câștigasem cu greu pierdusem în câteva clipe. I-am refăcut toate circuitele și dozele. Arăta din ce în ce mai rău. Spre seară, am plecat acasă. Știam că era ultima oară când îl mai văd.

Revin la spital a doua zi, mă schimb și cobor în secția de cardiologie. Nu-mi vine să cred ce văd. Domnul V. stătea în semidecubit, îngrijit, cu părul pieptănat într-o parte, cu ochelarii pe nas. Respira normal și citea câteva ziare. Pe noptieră avea o ceașcă cu ceai verde, plicul era încă în apa fierbinte. Se vedeau firele galben-verzui cum se îndepărtează de plic și colorează toată ceașca.

– Bună dimineața, domnule doctor!

– Ce schimbare! Să nu vă recunosc.

– Da, am și reușit să dorm puțin. Acum citesc, să văd și eu ce se mai petrece în lume.

– Arătați foarte bine.

– Să sperăm că o să țină starea asta mai mult.

Soarele arunca raze pe injectomate, pe ramele ochelarilor, în ceașca de ceai verde. Era liniște, fără respirații zgomotoase, fără țipete de durere, fără voci grave care nu știu nici ce să spună, nici când să spună. Erau aceleași substanțe, în aceleași doze; ce părea să nu mai funcționeze cu o zi în urmă dusese acum la atingerea unui echilibru nesperat. Ce se schimbase oare? Cum de inima îi mergea acum surprinzător de bine? Nu aveam explicații clare. Uneori, apar în noi energii nebănuite, se naște un tumult care ne stabilizează barca ce părea să se scufunde.

– Vreți niște ceai?

– Nu, mulțumesc mult. Am o cafea care mă așteaptă.

– Știți, domnule doctor, eu simt că voi muri în scurt timp. Nu mă îmbăt acum cu apă rece.

– Nu vreau să aud asta. Capul sus.

– Pot ține capul sus. Inima, nu.

– Vom face tot posibilul să fie bine. Suntem aici.

– Am văzut. Încerc să stau cât mai liniștit, mi-e teamă să nu stric ceva și să pierd acest timp cu liniște. Ai mei unde sunt?

– Pe hol. Îi chem și vă las.

Nu știu ce au vorbit sau făcut. Era o altă situație acum, puțin departe de starea zilelor trecute, în care abia mai recunoștea pe cineva. Poate și-a luat la revedere, poate a reușit să ducă la final unele lucruri neterminate care îl rodeau pe dinăuntru, poate că au vorbit despre vreme, în timp ce, dându-și ochelarii jos, a sorbit cu poftă din cana de ceai. La scurt timp după ce familia a plecat, a început iar să transpire, să aibă mâinile reci, să respire tot mai greu, să devină agitat. Tensiunea s-a prăbușit, iar forfotă în jurul lui, iar lupte. După ore scurse, ne-a spus că nu mai poate. Vrea să fie luat acasă, să fie decuplat de la orice substanță, să moară în liniște. Așa am și procedat. Copiii lui s-au întors. Asistentele i-au scos toate branulele - avea brațele ciuruite și pline de echimoze. L-au îmbrăcat în blugi și cămașă, luându-l cu un cărucior cu roți. Pe noptieră rămăsese o lumânare mică aprinsă.

În cursul serii, ne-a sunat unul dintre fii. Rezistase trei ore acasă. Am stins și am aruncat lumânarea, după care am fugit într-o baie, să mă spăl cu apă rece și să-mi mai potolesc inima. Se terminaseră trei săptămâni cu domnul V. în salon, pe patul de la fereastră, acolo unde, dimineața, soarele trimitea raze pe injectomate, pe noptieră, pe podea. O dată chiar pe ramele ochelarilor așezați pe nas și-ntr-o ceașcă de ceai în care galbenul verzui punea stăpânire.

Voia să citească ziarele, să vadă ce se mai întâmplă în lume. Se întâmplă multe, dar lumea se închide la fiecare dispariție de om.

6

Am devenit culegător de povești. Puteam culege altceva cu ușurință. Când eram mic, m-am dus o zi la o livadă, să culeg caise. Am cules suficient cât să umplu unsprezece lăzi, iar la finalul zilei am primit o sumă modică pentru munca mea. Erau lângă mine oameni care lucrau cu o viteză fantastică, străduindu-se din toate articulațiile și puterea lor. Dacă te apropiai la un metru de ei, auzeai cum le bat inimile în piept. Le băteau de disperare, pentru că trebuiau să culeagă cât mai mult, să câștige cât mai mult, să aibă din ce trăi apoi. Am ieșit din livadă și m-am aruncat în fluviu, că era aproape. Făcând pluta, m-am gândit ce o să-mi cumpăr de bani. Am luat gume de mestecat de toți și acasă am făcut întrecere cu prietenii vecini, să vedem cine bagă mai multe în gură. Recordul a fost de douăzeci și trei, dar cum puștiul acela de la o stradă distanță a ținut uriașa gumă obținută mai mult afară decât înăuntru, membrii Guiness n-au omologat nimic. Nici nu-i chemaseră nimeni, că n-aveam telefon mobil sau internet.

A doua sesiune de cules a fost la sfeclă, în grădina unui vecin, aflată la marginea orașului. Eram mai mulți și-am umplut o remorcă de camion. M-am remarcat în mod deosebit; găsisem o formulă magică de a smulge sfecla, atât de complexă încât presupunea să mă pun între rânduri, să apuc două sfecle de frunze în același timp, să le răsucesc puțin - ieșeau mai ușor așa - și să le trag afară din pământ. Vecina a fost tare impresionată și mi-a spus, la final, după ce-am sfeclit toată sfecla, că merit o sticlă de lapte pentru munca mea grozavă. Avea două vaci, deci nu aruncase vorba aiurea. Ajuns acasă, n-am primit nicio sticlă și mi-a fost rușine să o cer, pur și simplu. Nu era stilul meu. Au trecut câteva zile și eram, cu bunica, în bucătăria de vară. Ploua torențial și aveam poftă de ceva dulce și bun. Nu avea din ce să ne facă. Am adus vorba de acea deplasare a mea, când mi-am înnegrit unghiile de pământ și mi-am rupt spatele de aplecări repetate, având promisă o sticlă de lapte. Nici n-am terminat de vorbit, că bunica a și întins-o spre vecină, cerându-i laptele care mi se cuvinea. Plină de apă, s-a întors și ne-a făcut orez cu lapte, presărând pe el multă scorțișoară. Îmi era rușine că s-a dus așa să îl ceară, dar pe undeva eram mândru și de ea, și de mine. L-am mâncat pe tot cu inima suindu-mi până în gât.

7

Erau ierni grele, cu multe zăpezi, cu vânturi de est ce-și desenau în voie simboluri pe pământ. Ciulinii Bărăganului stăteau sub cuverturi albe și reci. Strânse laolaltă, casele erau legate de cer prin rotocoale călduțe de fum, ieșite din coșuri de cărămidă sau burlan. Era o liniște de puteai auzi cum îngheață apa, ca un scrâșnit de dinți; dar liniștea nu ținea mult. În zorii dimineții, minunați de tot spectacolul de afară, noi nu ne mulțumeam să privim stoic cu nasul lipit de geam și abia așteptam să devenim una cu peisajul, să ne predăm activ naturii, adaugând un nou element: jocul. Trăgeam pe noi tot ce aveam, pulovere, geci mari, fulare, cizme, pantaloni. De multe ori trebuia să le dăm jos și să punem izmene - așa ne obligau părinții sau bunicii. "Să nu carecumva să-ți bagi zăpadă la piele sau să dai fesul jos!" se auzea, dar nu mai conta, eram cu gândul prea departe.

Strada, fundamentul copilăriei noastre, era cufundată în calm. Troienele se uneau cu gardurile. Fără telefoane cu chat, mințile prietenilor se uneau; știam că trebuia să apară câte unul, era doar o chestiune de timp. Apoi deveneam tot mai mulți, ca un bulgăre imens mișcător. Trăgeam săniile după noi și croiam piste. Ne aruncam în omătul neatins de nimeni, simțind plutirea pe măsură ce fulgii se presau sub noi. Timpul trecea ca fumul ridicat spre orizontul gri. Luam țurțuri și-i topeam în gură; de multe ori mâncam zăpadă. Ne bulgăream, ne încingeam până ieșeau aburi denși din noi, fără nicio grijă. Reveneam seara târziu făcuți ferfeniță, ca după război. Ne lipeam de sobă, ne dezbrăcam și așteptam o cană cu lapte fierbinte. Și zilele următoare erau la fel.

Timpul a zburat ca fumul ce lega cerul de case. Am ajuns în orașe mari și ne plângem de zăpadă, de frig; suntem cotropiți de griji. Ne ascundem în fotolii și ne umplem mintea cu clipele acelea vechi, animate de prieteni, de acțiuni prostești, dar mereu frumoase, de bunici care ne așteptau și ne luau în brațe.

8

un an
doi ani
trei ani
o viață
lucruri mărunte
fericire
flori de gheață
fum din coșuri
obraji reci
zăpadă pe spate
puține gânduri
multă uimire
nostalgie
zbor de timp
timp de fum
fum de iarnă
iarnă de vis
vis de iubire
iubire de tot
și de toate.

măi, copile, tu ai mâncat ceva azi?

Dragă inimă,

Mulți dintre noi au cam uitat lucrurile simple. Gândurile curate. Ideile aparent nebune. Fugim după acumulări și ne facem straturi care par că ne înalță, dar de fapt ne sufocă, ne ascund și mai tare inimile de lume. Iar inimile trebuie să ne rămână destul de aproape de suprafața corpului, că nu degeaba sunt plasate așa.

Tu îi mai ții minte pe cei doi care fac curat prin blocuri? Am prins cel puțin câte o poveste memorabilă pentru fiecare anotimp.

Iarna, cu albul ei, a însemnat explozia unei magnolii, în mintea bărbatului. Și a noastră, desigur.

Cu uimire,
V.

9

Iarna e doar iarnă, în voia timpului. Când ninge, grădina rotundă din spate ce-și ține magnolia în centru se umple de zăpadă. Cum blocul de peste ea își varsă scările acolo, e nevoie de o mică intervenție antropologică. În aerul uscat produs de către sistemul de încălzire, dacă amesteci aer rece și proaspăt de afară, nările simt o binecuvântare. Deschid o fereastră și pregătesc cana pentru cafea cu guarana. Mă plimb în tălpile goale pe parchet și citesc din picioare "Oscar și tanti Roz", de Eric Emmanuel-Schmitt. În carte, un puști suferind de cancer e în spital, la tratament. Are niște întrebări, unele pentru un tip de personal, mai ales pentru asistentă, altele pentru un alt tip de personal, mai ales pentru Dumnezeu. E viață, citesc și-mi spun din când în când. E viață cu neșansă, e ceea ce chiar se întâmplă, fără ca cei mici să aibă vreo vină, trezindu-se în lupte crâncene cu adversari cam mari.

Miroase a iarnă și a cafea cu guarana. În capul meu am cuvintele lui Schmitt și realizez că de undeva de jos - sunt doar câțiva metri - vin și alte cuvinte. Sunt ei. Au strâns cândva cartoane, au făcut mormane de frunze galbene, s-au întrebat ce s-ar face unul fără celălalt, sper că au fost o zi la mare - ce nebunie. Arunc un ochi și văd rotocoalele de abur ieșind din trupurile lor. Dau zăpada de pe trotuare.

– Ai făcut cafea?

– Nu.

– Păi, de ce nu?

– N-am mai avut din ce.

– Era bună, să ne mai încălzim.

– Lasă că ne încălzim lucrând.

– Unde o punem pe toată?

– Acolo, lângă copac sau în partea cealaltă, unde e grădina pătrată.

– De ce n-ai mănuși?

– Erau prea rupte și n-am mai reușit să le cos. Fac așa.

– Nu. Ia-le pe ale mele.

– Lasă, domnule, că nu mor.

– Ia-le și nu mă enerva! Eu încep de la scările mele, tu de la mașina roșie. Ne întâlnim undeva pe la mijloc.

Cu mâinile goale, respirând greu, îndoindu-se mereu de spate, el a lucrat foarte repede, ridicând zăpada de pe ciment și aruncând-o peste gardul mic al grădinii, folosindu-se de genunchi ca de niște arcuri. Mi-am dat seama și de ce s-a grăbit: ca ea să aibă mai puțin de muncă.

– Gata. Eu am terminat la mine.

– Ai dat-o aproape pe toată singur. Eu abia m-am

mișcat.

– Faci tu altele mai mult decât mine. Știi la ce mă gândeam?

– La o cafea fierbinte?

– Și la asta. Mă gândeam cum ar fi să înflorească magnolia acum, când e plin de zăpadă aici. Să se vadă așa, roz sus și alb jos.

- Numai tâmpenii ai în cap. Hai în casă.

10

Am chipul doamnei T. viu în minte. Din cauza unei pneumonii severe, începuse să vorbească despre lucruri care nu aveau cum să existe în plină iarnă.

– Vă aștept la casa mea de la munte. Mi-ar face plăcere să mă vizitați.

– Dacă ajung pe acolo, trec cu mare drag.

– Am curtea plină de flori. E așa frumos acum.

– Îmi imaginez.

Fusese poștăriță și căratul genții grele pe umărul drept îi distrusese articulația. Doamna T. avea ochi albaștri, mari, un păr alb strâns în coadă, de regulă acoperit de un batic, indiferent de cât de cald era în salon. Inima îi era slăbită și făcuse fibrilație atrială, în contextul unei pneumonii severe. Așteptam cu nerăbdare conversia, dar procesul pneumonic răspundea greu la două antibiotice cu spectru larg și era logic ca plămânii să se reechilibreze și abia apoi cordul să revină la ritmul normal. Dincolo de tabloul alterat, comunica bine și părea într-o stare acceptabilă.

– E atât de mult stres aici, cu toată agitația asta, cu toate clădirile. Nu știu cum suportați.

– Așa este. Orașul e apăsător.

– Credeți că o să mă mai întorc acasă?
– Facem tot posibilul.

A stat internată patruzeci de zile, prinzând toată perioada sărbătorilor de iarnă în spital. La un moment dat, din cauza frecvenței cardiace înalte, i-a scăzut tensiunea arterială. Apoi a intrat în edem pulmonar. Pentru că ieșea foarte greu, a trebuit să-i facem șoc electric, să încercăm echilibrarea inimii. A stat o jumătate de zi în ritm sinusal, apoi a reintrat în fibrilație.

– Mă simt tot mai slăbită. Respir foarte greu.
– Da, starea nu e grozavă. Să avem totuși răbdare.
– Avem. De răbdare n-am dus lipsă niciodată.
– Așa vă vreau.

Am intrat de gardă, într-o duminică. Pe timpul zilei era într-o stare medie și mă așteptam să nu pună probleme. La ora șase seara m-am dus să fac contravizita în terapie. Am terminat-o la patru dimineața, pentru că doamna T. s-a plasat în șoc cardiogen, cu edem pulmonar și zero urină produsă. Opțiunile îmi erau limitate, așa că am tras aproape trei injectomate și am stat lângă ele optimizând și calculând doze pentru trei substanțe diferite. După valuri de emoții, pacienta a fost stabilizată. La o săptămână depărtare, a fost externată. Pe picioarele dumneaei.

Și-a pus rochia neagră și o bluză albăstruie. Pâș, pâș,

picioarele au atins timid pardoseala. Era sprijinită din stânga de fiică.

– Nu-mi vine a crede.
– Ce anume?
– Apuc să-mi văd iar căsuța.
– Să fiți sănătoasă.

S-a dus lin și a ajuns cu bine în liniștea muntelui. A apucat să-și vadă iar curtea plină de flori, după trecerea iernii. Inima i-a funcționat de minune o bună bucată de timp, apoi a revenit în spital, la chirurgie, pentru o apendicită complicată. Era nevoie de intervenție salutară. Pe masa de operație, inima s-a oprit. Era prea mult. Ținuse minte toate episoadele de edem pulmonar, de fibrilație, de șoc cardiogen, de contravizită întinsă pe zece ore. Era prea mult.

11

Bunica avea o cutie metalică neagră în care își ținea niște bani. Cutia stătea într-un șifonier, sub o plapumă pe care tot ea o făcuse. Din când în când, ne ruga să-i dăm cutia. O lua cu mișcări ample, potrivindu-și partea cu lacătul în față, apoi introducea cheia cu mișcări tremurânde. Ne dădea o sumă mică de bani, să ne luăm ce vrem noi, după ce număra bancnotele de zece ori. Mai târziu, după atâta amar de vreme de stat numai în pat, a făcut un mic accident vascular cerebral și mâna dreaptă i se mișca întruna involuntar, de parcă număra niște bani. Sau niște zile, nu mai știu exact. Cred că și astea se numără cam la fel.

Undeva, pe fundul acelei cutii, stătea și speranța că va putea merge din nou. Cred că nu a zdruncinat niciodată cu putere cutia sau nu i-a desfăcut capacul suficient, pentru că înnaripata speranță n-a ieșit niciodată de acolo, ca să-și ia zborul. Câteodată m-am gândit că era mai bine așa, pentru că în mintea mea, impuls după impuls, visam clipa în care se va ridica singură și va merge, ca și cum nimic nu s-ar fi întâmplat în afara unei acolade de timp culcat într-un așternut alb, în același pat. Speranța a rămas în acea cutie. E încă acolo, dar pesemne nu mai are nicio legătură cu bunica.

12

Într-o vară am stat la un birou și-am înșirat numere cu nemiluita pe niște foi de hârtie. 1, 1, 2, 3, 5, 8, 13, 21, 34, 55... Observăm ușor că numărul următor este suma precedentelor două și acest șir este cunoscut sub denumirea de "Șirul lui Fibonnaci", care se pare că este frecvent reprezentat în natură. Proporția perfectă, atât de căutată de către artiști, are legătură tot cu acest șir, pentru că dacă împarți un număr la precedentul său, obții ceva foarte apropiat de 0,62.

Stăteam cu orele pe un scaun din lemn, fără să mă mișc sau să mănânc, prins în magia numerelor. Voiam să le aflu cel puțin un secret, să văd dacă reușesc cumva să descopăr o formulă și, să zicem, să pot „ghici" numărul de pe poziția 236 în șir fără să le trec pe toate celalte, în ordine. Asta am făcut o lună de zile. Într-un final, când mă așteptam mai puțin, am găsit formula. Eram cel mai fericit. După niște ani, aveam să iau contact cu "Șirul lui Fibonnaci" în liceu, într-o oră de matematică. Profesorul a trecut pe tablă exact acele numere și ne-a întrebat dacă știm ce reprezintă ele. Inima începuse să-mi bată cu putere. I-am spus profesorului despre ce era vorba, adăugând că știu până și formula. Uimit, m-a întrebat de unde știam. I-am povestit că am descoperit șirul într-o carte despre da Vinci și că m-am străduit să aflu singur formula. A zâmbit. A trecut-o pe tablă, direct din carte. Pe undeva eram și trist, aflând că există pârghii prin care unele lucruri se obțin mai ușor, iar fără aceste pârghii, se obțin cu trudă multă. Pe altundeva, înțelesesem că eu am fost un fericit, studiind cu pasiune și găsind singur un răspuns. M-am liniștit. Așa avea să fie și viața. Unii suferă ca să obțină ceva, alții primesc totul de-a gata. Cred că sunt mai fericiți primii.

După alți ani, aveam să-l descopăr pe domnul Oliver Sacks, scriitor de renume care a impresionat milioane de oameni prin poveștile sale cu pacienții. Mă suprapuneam cumva cu acest om, pentru că fără să-l știu sau să-l citesc, începusem să scriu despre întâlnirile mele cu pacienții. Citind mai mult, uimirea mi-a crescut. Sacks studiase și el "Șirul lui Fibonnaci". A scris despre asta în *Unchiul Tungsten*, volum ce conține amintiri din copilăria sa. Fascinația față de Sacks a continuat, dar am simțit aceleași frâne; am așternut legăturile cu ființele care mi-au trecut prin mâini, gustându-le poveștile de viață, dincolo de aspectele pur medicale. Așezând cuvinte despre ei, am simțit că oarecum pervertesc acele povești, chiar dacă prin actul scrierii arătam de fapt cât de mult am ținut la ei și cât au însemnat pentru mine.

Întâmplător, am dat peste foile cu numere. Mi se păreau la limita dintre realitate și fantezie, cum mi s-a părut, spre exemplu, și întâlnirea cu doamna ce păstra foile scrise de fiul ei, acel fiu care semăna cu mine. Sau întâlnirea ciudată cu pacientul care inventa personaje. Cred că tot timpul ajungem în limita asta firavă dintre realitate și fantezie, de multe ori fără să știm sigur unde suntem plasați. Poate cu un picior în una și cu celălalt în alta, tot timpul. Vremurile se derulează pe lângă noi și prindem din zbor niște elemente pe care reușim să le apucăm bine și să le dăm drumul repede sub tricou, la sân, așa cum făceam cu fulgii care, pare-se, ne aduceau noroc. Când le prindem iar și iar, ele se tasează și se lipesc de tricou sau de pielea noastră. Devin chiar tricoul sau devin noi. Tricoul îl putem scoate și arunca. Ce forțe dictează ce lucruri se lipesc de tricou, respectiv de noi? Ce filtre decid poziționarea? Devenim ceea ce se lipește de noi și ne ușurăm teribil de lucrurile inutile, aruncând tricoul. E o chintesență a vieții și asta.

Tricoul meu era portocaliu și nu-l purtam băgat în pantaloni, motiv pentru care am pierdut mare parte din fulgii norocoși. Noroc cu elementele prinse în spital, de la pacienți. Ele mi-au trecut prin piele și au ajuns direct în inimă. Au schimbat-o, atingând-o fără să o atingă.

13

În mod normal, la trecerea în ortostatism, organismul își susține tensiunea arterială, care sub efectul gravitației tinde să scadă abrupt. Reglarea se face prin intervenția unor receptori de presiune din pereții vaselor de sânge, care trimit semnale către sediul central, declanșând răspunsuri potrivite: tonusul vasului crește, cordul își adaptează constant frecvența, totul se păstrează în parametri optimi. Tinerii nu au niciun fel de neajuns la capitolul acesta, însă vârstnicii cu baroreceptorii îmbătrâniți compensează insuficient, putând ameți la ridicări rapide, fiind recomandate pozițiile intermediare, pentru câteva minute. Oricât de bătrân se dădea C., receptorii nu aveau vreo vină. Nici vreun medicament. Putea sângera intern, dar ar fi avut tahicardie compensatorie. Singurul lucru la care mă gândeam era hipovolemia prin deficit de hidratare; puteam verifica tegumentele și mucoasele, precum și statusul lichidian prin examinarea cavităților cardiace, a cavei inferioare. Am luat-o progresiv. Limba era normală, nicidecum uscată. Tegumentele arătau cvasinormal. Nu acuza dispnee, palpitații, dureri precordiale, tuse, dureri prin alte zone ale corpului. Nu avusese vărsături sau scaune diareice. L-am rugat să-și dea bluza jos și am mutat ecograful spre patul său. În caz de hipovolemie, cordul poate deveni hiperkinetic, pereții ventriculari se pot apropia până la alipire, de unde și expresia de kissing muscles; cava inferioară poate avea un diametru scăzut, cu un colaps inspirator amplificat. Nu am observat nimic din toate acestea și eram dezamăgit că pista mea cea mai logică picase. Ce îl dădea peste cap? Când să mut sonda spre apexul xifoid pentru a analiza cava inferioară, pacientul a avut o reacție de apărare și a scos un țipăt de durere. Apăsând cu mâna spre hipocondrul stâng, undeva între stomac și splină, am simțit o masă ciudată acolo. Domnul C. m-a lovit, din reflex. Nu voiam să-l sperii, nu știam ce palpasem, trebuia să-mi calculez cu mare atenție mișcările viitoare.

– Vă doare aici și fără să apăs eu? l-am întrebat.

– Nu. Acum am simțit pentru prima oară. Mi-e bine în rest, exceptând amețelile și problema mea mai veche, de care parcă v-am mai zis.

– Ce problemă mai veche?

– Nu am avut scaun de peste șapte zile, de când am ajuns aici. Acasă era cam la fel, dar parcă la maxim cinci zile ieșeam.

– Am înțeles. O vom lua pe rând, urmează să facem alte investigații, să vedem de unde e amețeala.

– Aici sunt, nu plec nicăieri. Repet, în rest mă simt grozav.

M-am retras ca să-l privesc de la câțiva metri depărtare; uneori, ca să observi bine un lucru, trebuie să te retragi, să-l analizezi de la o oarecare distanță. Am încercat să mă deconectez și de la toate datele medicale pe care le știam deja. Amețea de câteva zile, fără să poată sta în picioare, atât de severe erau simptomele. Îmi spunea că parcă se învârte pământul cu el. Făcuse deja control ORL și nu avea nicio modificare la nivelul urechilor, acolo unde se găsesc organele care participă la setarea echilibrului. Nu-i dădusem nici diuretic sau blocant de canale de calciu, să am vreo explicație prin schema de tratament. Sunt cazuri în care îmi vine să-mi scot creierul și să-l pun pe un tocător, să-l pregătesc prin tepaniaki și să-l mănânc, sorbind dintr-un sake. Mi-am terminat programul și am plecat acasă.

Am pornit sistemul audio, alegând din listă Adagio, compoziție atribuită lui Albinoni. Lăsându-mă pe patul mic, mi-am adus aminte, să tot fie opt ani de atunci, de o seară în Barcelona. Ieșisem singur, târziu, mergând pe jos de la Ramblas până la Sagrada. Turnurile erau încă înconjurate de schele, de-ar ști Gaudi, iar intrarea principală era ascunsă de o prelată uriașă. Am ocolit clădirea și, undeva în dreapta ei, am găsit o scară ce cobora sub nivelul pavajului, oprindu-se într-o ușă masivă. Era deschisă, așa că am intrat. Înăuntru, o mică încăpere cu aspect tipic de catedrală, cu coloane, balcoane, altar, bănci din lemn în holul central. Nimeni acolo, cel puțin la prima vedere. M-am așezat pe o bancă, rămânând în liniște deplină. În starea mea meditativă, un prim sunet a spart aerul. Îl putea sparge violent, dar a făcut-o așa cum numai muzica poate – întâi l-a gâdilat, l-a făcut prieten, apoi s-au jucat împreună. O primă notă, ieșită dintr-un tub metalic, răsucindu-se prin catedrală, împrăștiindu-se apoi în eter. După el, altele, ce alcătuiau o compoziție aparent tristă. Am ascultat acea piesă, de parcă tot momentul era doar pentru mine, oferit de o femeie în vârstă ce se ocupa, pesemne, de acea bucată din impunătoarea Sagrada. Mai târziu, am reascultat piesa, care oricum stătuse undeva în mine; aveam să cunosc și titlul, și presupusul autor. Adagio de Albinoni. Există momente în viață în care scene întregi par construite doar pentru noi. Cred că universul complotează ca să reinstaureze liniștea în interiorul nostru, să ne apropie de fericire, să înțelegem niște lucruri și să mergem un pic altfel mai departe.

– Azi cum mai e?

– La fel. Nu mă pot ridica în picioare.

– Vom încerca să facem o investigație specială, să vedem ce găsim prin abdomen.

– Orice, numai să nu fie colonoscopie, sunt îngrozit de așa ceva.

– Nu colono, că ar trebui să pregătim intestinele bine și mai mult v-aș chinui. O să facem o examinare la computer tomograf. Vorbesc să o executăm chiar în dimineața asta.

Domnul C. a fost luat la radiologie, unde a fost așezat pe masa aparatului. Asistenta i-a introdus subsanța de contrast în venă, s-a asigurat că totul este în regulă, apoi a părăsit camera. Eu am stat cu radiologul într-o cameră vecină, uitându-ne pe monitoare în timp ce tomograful îl analiza, secțiune cu secțiune. Substanța de contrast circulă rapid prin torentul sangvin și îmbunătățește calitatea imaginii, crescând șansele de a prinde lucruri de finețe; poți vedea detalii care la explorarea nativă ar putea fi scăpate. Nu era cazul, pentru că în abdomenul superior, o formațiune tumorală prindea pancreasul, se întindea la stomac, se ramifica pe duoden și pe lobul stâng al ficatului, comprimând și flexura dreaptă a colonului. Coborând, o altă formațiune mai mică era situată la nivelul sigmoidului și rectului. Nu mai văzusem așa ceva. Cel mai probabil, un cancer pancreatic întins la organele vecine și diseminat prin abdomen. Discrepant cu tabloul clinic și cu analizele care nu arătau mare lucru. Am terminat examinarea și am ieșit de la radiologie, luând-o pe scări. Infirmiera a venit cu pacientul, folosind liftul mic.

Am început să mă uit iar pe toate analizele. Nimic nu se lega; misterioase sunt unele cazuri. Așa ceva nu putea fi remediat prin chimioterapie, radioterapie sau vreo intervenție chirurgicală. Calea de urmat era trimiterea la un serviciu de oncologie, care să confirme neoplazia și să stabilească ulterioara conduită terapeutică. Eu nu puteam face nimic pentru acest pacient.

– A ieșit bine, domnule doctor?

– Așteptăm interpretarea de la colegul meu. Până

atunci, o să vă punem o perfuzie, să vă întărim puțin.

– Dar ați fost acolo, nu s-a văzut nimic, așa-i?

– Nu pot să mă pronunț acum, sunt mai multe posibilități, vreau să fie totul clar.

– Bine.

M-a prins seara, încercând să termin de scris niște externări. Când mi s-a făcut foame, am pus pas după pas, repejor, spre casă. Pe pervaz, suportul bonsaiului avea tot pământul crăpat, iar indicatorul de umiditate era coborât jos de tot; frunzele mici acopereau albul varului de lângă suportul din porțelan, două rămânând în micul copac ornamental. Am dus mâna spre ele și-am văzut cum pielea îmi era uscată, crăpată, ca acoperită cu var vechi. Nici n-am apucat să le ating, că frunzele au și căzut, sub aerul tulburat de înaintarea degetelor mele. Mi-am zis că voi mânca, voi face un duș și mă voi întoarce la spital, să stau de vorbă cu domnul C.

– Ce faceți la ora asta aici? Sunteți iar de gardă?

– Nu, am venit special să stăm puțin de vorbă.

– Ce bucurie. Are cumva legătură cu investigația de mai devreme?

– Oarecum.

– Nu e nevoie să-mi spuneți, mi-a explicat deja doamna din colț.

– Ce anume v-a explicat?

– E cancer. Din cauza asta am amețeli, nu mai ies afară cu zilele și mă durea când ați apăsat cu bucata aceea de plastic.

– Vi s-au cam răzvrătit celulele în corp.

– E grav?

– Vreau să vă vadă întâi cineva de la alt spital și abia apoi ne putem pronunța.

– Ei, pe naiba. Nu mă mințiți, domnule doctor, că aveți experiență și ați mai văzut pacienți așa. O să trebuiască să mă operez sau trece fără operație, cu pastile sau altceva?

Cum să-i spun că, la cum se prezintă lucrurile, e un cancer depășit și nicio atitudine terapeutică nu mai e potrivită? Cum să-i spui unui om așa ceva, știind că urmează, inevitabil, să te întrebe cât anume mai are de trăit, iar tu, ca un locțiitor de zeu, să-i estimezi zilele rămase, bazându-te pe eventuale statistici? Mi-am scos mâinile - nu mai puteam să le îndoi, de la cot în jos. Erau albe, crăpate, tari. Abia le mai țineam în aer.

– Asta vă va spune medicul de la oncologie, nu mă arunc să-mi dau cu părerea eu. Mâine vă transferăm, să continuați investigațiile acolo.

– Mă voi întoarce aici după ce fac tratamentul în celălalt spital?

Am plecat capul de câteva ori, apoi am ieșit. Doamna așezată în patul din colț, cu care discutase înainte, își pierduse fata cu patru ani în urmă, după o teribilă bătălie cu cancerul. Era devastată. Tulburările psihice îi dăduseră inima peste cap. Avea momente în care plângea din senin, fără să spună un cuvânt. În timpul acela, unii se puteau uita la ea, fără să priceapă mai nimic. Alții îi puteau arunca o etichetă pe care scrie nebună. Era tot o latură a vieții, din care unii ies mai devreme, alții mai târziu. Unii își păstrează psihicul tare, alții cedează sub valuri de suspine și emoții. Unii rămân flexibili și calzi, alții împietresc și se răcesc fără să vrea. Nu l-am mai văzut niciodată pe domnul C. La câteva zile de la plecarea sa, mâinile mi-au dat înapoi și și-au recăpătat culoarea, dispărându-le și crăpăturile care sincer mă cam speriau.

14

– Câți ani au trecut de la anul 53 î. Hr. la anul 56 d. Hr.? ne-a întrebat profesoara de istorie din generală.

– Trei ani! am răspuns eu în scris, pe o foaie de hârtie.

Așa am luat nota trei în catalog. Nu punea patru la astfel de întrebări fulger, ci un trei pe care îl făcea fascinant, cu bucla de sus mică și componenta de jos impozantă, disproporționat mai mare. Să fie primit, am zis eu, debusolat. Nu mă prinsesem de fază. O singură colegă din clasă a scris 109 ani, pentru că se tinde către 0 prin scădere, abia apoi se crește din momentul nașterii lui Hristos. Din acel moment, am devenit împătimit al istoriei.

Mi-am cumpărat cărți și-am început să citesc avid despre Mesopotamia, Imperiul Roman, traci, daci, evenimente, personaje, tratate de pace, declarații de război. Ceva mai târziu aveam să constat că legăturile mele cu istoria nu erau chiar simple.

La moartea bunicului din partea tatălui, un domn înalt, drept, cu părul alb, îmbrăcat impecabil într-un costum negru, a intrat în camera în care erau mai multe persoane, s-a apropiat de trupul bunicului, l-a privit câteva secunde, l-a sărutat pe frunte, i-a atins o mână și apoi a plecat. Toți erau în liniște deplină, chiar dați la o parte, să nu incomodeze. M-am uitat apoi pe fereastra de la etajul doi: domnul intrase într-o mașină de protocol, o limuzină neagră, după ce alt om îi deschisese și închisese ușa. Aveam să aflu că era fratele bunicului, ce trăia la aproape o sută de kilometri depărtare, în orașul ce-și păstrează cu constanță iubirea de mare.

Mai târziu, în liceu, am avut un profesor de istorie fabulos. Domnul I. povestea cu atâta pasiune fiecare lecție, dându-ne mereu referințe din cărți pe care ne recomanda să le și citim. Știa când să rupă ritmul cu o poveste, să întrebe ceva, să deschidă o discuție largă, astfel că cele cincizeci de minute zburau și nu voiai să desenezi avioane sau să-ți faci autoportretul cu pixul pe colțul unei foi de la sfârșitul caietului. La una dintre lecții, I. rupe ritmul: „Vreau să vă vorbesc puțin despre Profesorul R., unchiul colegului vostru de aici. Mi-a fost dascăl și-mi amintesc cu mare drag ce om minunat era. A condus pentru treizeci de ani muzeul de istorie, a construit universitatea cu toate căminele și campusurile ei, a descoperit situri și a deschis edificii muzeale, a scris tratate despre spațiul de aici și până la mare, printre multe altele. Eu sunt ceea ce sunt acum și datorită acestui om."

Mă înroșisem și abia mai respiram. Inima îmi bătea cu putere. Nu întâlnisem acest om decât o dată în viața mea și nu știam mai nimic despre el, pentru că la noi în familie nu prea se discutau astfel de lucruri. Acele cuvinte ale profesorului Iorga mi-au picat direct în cromozomi, schimbându-mi viața. Voiam să ajung ca acel om.

„Îmi aduc aminte de o întâmplare interesantă. Eram pe teren, făceam săpături cu colegii studenți și unul dintre ei are o idee măreață: scoate o bucată de vas de ceramică, se întoarce cu spatele, face ceva acolo, apoi o îngroapă la loc. Când arheologul șef a venit pe șantier, l-a chemat și a scos de față cu el vasul de ceramică. Pe el era scris cu un cui: <<De la Zamolxis pentru Profesorul R., cu deosebită considerație.>>"

Suntem istorie. Trecutul nostru individual converge la statusul nostru din prezent. Istoria globală înseamnă șlefuirea genelor, zestrea întreagă ce ne-a condus aici și acum, cu bunele și relele ei. Omul ce nu acceptă istoria își neagă și prezentul.

Am pornit pe un drum, singur. M-am dus în orașul acela cândva, când eram student în capitală. Am intrat în muzeul mare și una dintre săli îi purta numele unchiului, care se stinsese, după o lungă bătălie cu una din bolile supreme. M-am făcut iar roșu, abia mai respiram și inima îmi bătea cu putere. La muzeu, în acea sală impozantă, mi-am amintit într-o secundă tot trecutul meu. În acel moment revelator, trăit de unul singur, mi-am dat seama că un om despre care nu știu multe detalii mi-a schimbat viața, pentru că am trăit în cap cu imaginea omului care construiește, șlefuiește, scoate la lumină, învață pe alții, rămâne cumva în istorie. Toate acestea le știam de la profesorul Iorga și dintr-o carte pe care am căutat-o cu ardoare prin anticariate, ani la rândul. Nu am găsit-o când o căutam, ci mai târziu, aparent întâmplător, cum ne mai arată viața. În acea cronică a spațiului dobrogean erau și câteva date despre unchiul meu, precum și o poză. Atât aveam. Atât știam.

Cât despre sentimentul că mă asemăn cu acest om și pot proceda la fel, încă nu m-a părăsit. Chiar și dacă reușesc numai un vârf de deget din ce a făcut el, tot e ceva.

Dragă inimă,

Am băut puțin vin și știu că te-am făcut să bați mai repede decât ți-ai fi dorit. Sper că nu te-ai supărat. Pisica Muna a simțit că nu ești în largul tău și a venit aproape de tine.

Apoi ai ajuns în largul tău.
Îți mai aduci aminte?

Cu drag,
V.

15

Bunicul Azi nu era bunicul meu. De fapt, nu era bunicul nimănui, pentru că nici măcar nu avusese copii. Adoptase o pisică, pe Muna, și cumva asta îi umplea un gol din piept. La colț, acolo unde gardurile coteau brusc și formau un unghi drept cu restul străzii, bunicul Azi avea o casă din cărămidă, solidă, pătrățoasă și așezată în mijlocul unei curți măricele. El pendula cu energie între grădină, cotețele din spate în care creștea păsări, fața casei unde avea o bancă din lemn și cele câteva camere, dintre care una era specială. La cei 89 de ani ai săi, nu se cunoștea cu nicio boală. Ochi albaștri și mari, păr des și alb, barbă albă toată, cu fire pornite de sus, din pielea pomeților, mâini aspre de la munca zilnică, cămașă albă cu mânecile suflecate până la jumătatea antebrațelor, vestă verde închis, pantaloni crem și adidași în picioare. Cămașa era plină de pete, cu gulerul un pic îngălbenit, pantalonii aveau și ei pete de unsoare, adidașii erau jegăriți și găuriți pe alocuri. Cu toate astea, nu putea fi considerat murdar și nu mirosea urât. Mirosea a bunic.

– Ce faci, bunicule Azi? îl întreb fără să cobor de pe bicicletă.

– Uite bine, azi nu mi-am propus să fac mare lucru.

Stau cu pisica oleacă la soare și am grijă de Didi. Asta este, ce să facem.

– Mă lași să intru în curte la matale?

– Te las, de ce să nu te las.

– Păi vino să deschizi poarta, că mereu o ții închisă pe dinăuntru.

– Aoleu, stăteam așa de bine aici. Nu poți să sari gardul?

– Se dărâmă cu mine, bre. Și-apoi mă bați.

– De ce să te bat?

– Pentru că ți-am stricat gardul.

– Păi ce, unde vezi tu că e stricat?

– Hai să deschizi, las-o pe Muna că poate sta și singură.

– Vin acuși. Ai răbdare.

S-a ridicat greoi, atipic. Cred că amorțise de la soarele blând și de la zgomotele pe care le făcea pisica, torcând sub dansul degetelor pe spinarea ei. A luat-o ușor pe trotuarul din dale de piatră și a tras zăvorul metalic care bloca poarta. I-am strâns mâna și am simțit imediat pielea groasă și aspră.

– Didi ce mai face, e bine?

– E binișor, ce să facem. Asta este situația, tu o știi.

O știam. Soția bunicului Azi, doamna Didi, fusese sănătoasă tun și ea până într-o zi, când a început să obosească repede, să amețească și să perceapă bătăile foarte rapide ale inimii. Bătrâni fiind și neavând pe nimeni, au zis că trebuie să stea în pat, să se odihnească și poate o ajuta bunul Dumnezeu să se facă bine, că ea nu era bolnavă și sigur e ceva pasager. După o vreme în starea asta, doamna Didi a simțit o durere puternică la piciorul drept, care apoi a început să amorțească și s-a făcut alb tot, de la genunchi în jos. L-a rugat pe bunicul Azi să o dea cu alifii și să-i facă frecție, dar lucrurile nu s-au îmbunătățit. Abia când piciorul s-a făcut tot vinețiu spre negru, s-au speriat și au chemat salvarea. La spital, medicul le-a zis că nu se mai poate face nimic, au venit prea târziu, piciorul trebuie amputat, altfel se infectează și infecția se duce în tot corpul și apoi moare în câteva zile. Cum s-a întâmplat totul? Cheag de sânge, asta a fost. Plecat direct din inimă, că făcuse fibrilație și din cauza asta avea respirație grea, obosea repede, amețea și o supărau bătăile. Dar nu au știut să vină la spital, păcat, se putea preveni. Asta este, ce să facem acum. Să se taie piciorul, măcar să rămână în viață. Cine decide și cine dă acordul să se taie? Doamna Didi a refuzat, voia să moară întreagă. Nu se poate, a zis bunicul Azi, dacă ea moare va muri și el imediat. Va semna el pentru ea, numai să i-l taie odată și să rămână în viață. Bine, hai că semnez eu, dar să nu mă doară când îl taie, a zis Didi.

Să nu mă doară nici după operație. Au amputat piciorul, i-au dat tratament pentru fibrilație să mai potolească inima, i-au pus și ceva special să țină sângele mai subțire, să nu se mai facă cheaguri care să plece prin corp, în cap, în mâini, în picioare, unde au ele chef.

– Ce ai plantat aici?

– Castraveți. Ăștia se urcă imediat pe boltă, o să vezi la vară.

– Și o să culegi și struguri și castraveți? Vezi să nu-i bagi la vin.

– Am eu grijă, nu te preocupa tu.

– Ai mai scos-o?

– Ce să scot?

– Pe Didi. Ai mai scos-o cu cărucul?

– Păi cum să n-o scot? Am mers până la biserică la slujbă, apoi am dat ocol pe lângă fosta fabrică de ciment, am mers încet, să mai vadă și ea lumea, să mai ia aer. Ce să facem, asta este situația. Ea trebuie plimbată, înnebunește numai în pat. Ce să facem.

Înăuntru la Didi în cameră era un aer ciudat. Încă îi făcea focul la sobă și mirosea a lemn ars. Mirosea și a untdelemn încins, pentru că țineau o candelă aprinsă. Lipit de un perete, patul era plin cu perne și pături. Pe trei pereți aveau calendare vechi, carpete, tablouri cu portrete alb-negru, icoane. Un singur perete era liber de toate acestea, pentru că ținea fereasta și de acolo dădeau buzna raze albe de lumină. Didi rămăsese o mână de om, foarte slabă, cu oasele feței proeminente și mâinile subțiri ca niște bețe. Prima dată când i-am văzut piciorul lipsă, m-am speriat. Apoi am început să mă obișnuiesc. Numai ea încă nu se obișnuise, plângându-se frecvent de dureri chiar la nivelul acelui picior. Încă îl simțea.

– Cine a venit?

– Eu sunt, eram cu bicicleta pe aici și l-am văzut pe bunicul Azi afară prin curte. Am zis să vă salut, oricum mă cam plictiseam. Matale ce mai faci?

– Uite stau.

– Te-a plimbat cu căruțul, am înțeles.

– Da, am fost la slujbă. Bună slujbă, le ține bine preotul ăsta. E tinerel, dar le ține bine. Ne-a plăcut.

– Au, a intrat pisica în casă!

– Las-o, că e cuminte și-i place să stea la căldură. Doarme aici în pat.

– Eu nu le las la mine în cameră, le scarpin puțin și apoi, valea. Nu suport părul lor peste tot.

– Muna nu prea lasă păr, dar se pune pe piciorul meu și mă doare.

– Dreptul? Cum mai doare dacă el pur și simplu nu mai e?

– Îl simt, am ca niște ace în el, uneori mă curentează, mai ales când se pune cineva acolo.

– Ciudat, o să mă uit prin atlasele mele, poate găsesc ceva despre asta. Să doară ceva ce nu mai există.

– De cele mai multe ori dor lucrurile care nu mai există, interveni bunicul Azi, dând drumul la radio pe o emisiune religioasă. Apoi vine la marginea patului, îi mângâie capul acoperit de batic, i-l trage de pe frunte și o sărută lung.

– Ea e viața mea. Pentru ea mai trăiesc. Ca să trăiască

și ea. O schimb, îi dau să mănânce, o scot cu căruciorul, o spăl, o rotesc să nu facă răni pe spate.

– Hai, nu mai plânge, că plâng și eu, interveni Didi. Fii puternic!

– Nu mai plânge, bunicule Azi, că se sperie pisica. Și îți stă rău așa, că-ți dispare albastrul din ochi.

– Bine. Vrei puțin vin roșu?

– Eu nu beau deloc, și vinul roșu oricum e acru, nici nu pot să-l țin în gură.

– Ei, cu Didi vorbeam. Îți aduc?

– Adu-mi. Știi că îmi place să beau puțin.

– Nu bea mult, nu te mai uita așa. Îi dau puțin, îi place, și-am înțeles că-i sănătos.

– Atunci vreau și eu. Dar nici pe jumătate din cât bei matale. Așa, un deget îmi pui.

– Ca la împărtășanie, am înțeles.

Am băut și m-a apucat o fierbințeală în mijlocul capului. Îmi fierbeau și pomeții, iar picioarele și mâinile nu mai voiau să mă asculte. Apoi am pierdut controlul vorbelor. După aceea am adormit la Didi în pat, și pisica s-a ghemuit între noi. Trei picioare de om și patru de pisică. Bunicul Azi a ieșit să pună niște mazăre. Trebuia să o pună atunci, nu-i plăcea să lase pentru mâine ce putea face azi. Cât despre mine, era cât pe ce să-mi iau o mamă de bătaie, noroc că m-am trezit la timp, efectul vinului se cam dusese și-am putut să mă întorc acasă fără să dau note explicative speciale.

– Să mai vii pe aici, da?
– Vin, vin.

Aceasta fusese casa în care o femeie stătea într-un picior, din cauza inimii.

16

Bunica îmi făcea orez cu lapte, scovergi, cartofi la cuptor și tot ce mai voia mușchiul meu. Nu știu exact care mușchi, dar înclin să cred că e vorba despre tunica musculară a stomacului. Când mănânci cu bunica aproape, de la emoții poți avea palpitații. Dacă îi spui că ai palpitații, ea îți aduce un Extraveral, dar tu nu-l iei, că pastilele sunt pentru bătrâni. Tu mănânci și emoțiile mor. La fel mai poți avea când bunica vine la festivitatea de premiere de la sfârșitul anului școlar. Sau când, după ani în care a venit la rândul, nu mai vine. Și-atunci ai lua și Extraveralul, dar nu-l mai ai.

Nu prea ne dăm seama de organele noastre decât atunci când învățăm despre ele în detaliu, ceea ce nu este întotdeauna indicat. Sau când ne trezim cu ele bolnave, ceea ce nu este niciodată indicat. Slavă cerului, la vârstă mică, organele sunt strâns îmbrățișate între ele și funcționează fără probleme, așa că rămâne cealaltă posibilitate de cunoaștere detaliată, și anume prin studiu asiduu. Ca să vezi bine un lucru, trebuie să ieși din el, să-l privești și să-l măsori de la o distanță confortabilă; poți face asta fizic cu orice obiect, dar cu propriul corp e puțin mai complicat, pentru că nu poți ieși din el, cel puțin nu altfel decât utilizând o mixtură de imaginație și informație. Cine are capacitatea asta de a vizualiza un întreg descompunându-l bucată cu bucată, își poate imagina exact structurile organelor, poate percepe fragilitatea lor, punctele forte și slabe, dar totul se câștigă după ani de studiu și experiență. La vârste fragede, nu ai cum să înțelegi un domeniu, pentru simplul motiv că el îți e nou, străin. Ai nevoie să-l tragi aproape, să ți-l faci prieten, să te obișnuiești cu el, să-i descoperi toate dedesubturile, să ți-l faci natural. Abia apoi poți considera că-l stăpânești, suprapunând totul pe potențialul respectiv al creierului, dependent firește de vârstă. Nu aveam cum să pricep prea multe lucruri, chiar dacă mi-a plăcut să mă înconjur de atlase cu corpul uman, de cărți despre sănătate, de oameni vii. Și de iubire pentru orice.

Convențional, inima este legată de sentimentul iubirii. Pare-se chiar că simbolul simetric roșu a fost obținut punând una lângă alta, apoi cu o suprapunere parțială, două inimi adevărate. În realitate, cordul n-are nicio treabă cu iubirea, mixtura de sentimente avându-și sediul tot în creier. E drept că pompa o ia la trap când iubim, dar controlul vine tot din partea organului suprem, așezat cel mai sus.

Știam două lucruri mari și late. Fie, trei. Sau chiar patru. Primul - inima pompează sângele prin corp, îl captează, îl trimite la plămâni, îl preia oxigenat, îl expulzează iar în tot organismul; rolul principal e acela de pompă. Al doilea - inima nu are legătură per se cu iubirea. Al treilea - inima se oprește la un moment dat. Al patrulea - trebuia să-mi tund părul mare, care ajunsese până la umeri. Fără voia mea.

Bunica punea lapte în ceaunul în care făcuse mămăligă. Bineînțeles, făcea asta după ce răsturna mămăliga pe un fund de lemn și o mâncam aburindă, alături de varza călită cu șuncă și cu ardei iuți aproape. Când mușcam curajos dintr-un ardei iute roșu, îmi luau foc stomacul și capul. N-am gustat niciodată din laptele acela turnat în ceaun. Oare am pierdut ceva ca lumea?

Negru strălucitor. Aproape până la umeri. Sănătate. Mi-a plăcut să fiu rebel și asta într-un mod care să nu-i deranjeze pe ceilalți. Nicidecum nihilist, chiar dacă unele semințe antisistem puteau oricând să plesnească în mine, pentru că mă iritau anumite norme absurde, curricule școlare sau alte tipare de la care nu te puteai abate nici în ruptul capului. Când toți purtau uniformă, eu mă duceam la școală în blugi și cămașă, cu părul buclat și voluminos, revărstat pe umeri. Niciun învățător sau profesor nu-mi atrăsese atenția, pentru că eram primul la învățătură și respectam orice altceva, mai ales oamenii. În clasa a patra, preotul m-a amenințat cu corigența la religie, dacă nu mă tund. I-am zis că Iisus este reprezentat peste tot cu părul lung și e un nonsens să-mi ceară asta. Mi-a făcut cadou un trei în catalog. I-am zis că nu e normal ce se întâmplă, că trăim într-o societate liberă, că trebuie să ne respectăm

dincolo de aparențe. Aș fi vrut să-i spun așa ceva. În realitate, m-a bușit plânsul, am țipat după bunica, a venit directoarea (care nu era bunica mea), a analizat problema dintr-un unghi obiectiv, mi-a șters jumătatea de opt din catalog, care surprinzător nu e patru, ci trei dacă ne raportăm la grafică, și a dat preotul afară. A doua zi eram tuns scurt și-mi pierdusem tot farmecul, așa cum Samson își pierduse puterile odată cu podoaba capilară tăiată șiret de către Dalila. Câteodată, când metafizic se realizează un eveniment, trebuie să-l faci și fizic, să i te aliniezi, altfel te simți în afara lumii. Bunica a vrut să bată preotul, dar asta contravenea cu firea ei foarte credincioasă și pașnică. La spovedania următoare, i-a mărturisit intenția. El i-a zis că o iartă, ar fi iertat-o chiar și dacă l-ar fi cotonogit puțin. După o vreme, preotul n-a mai pus piciorul nici în biserică.

Când făcea cozonaci, bunica lua aluatul, îl ridica deasupra capului, îl răsucea și apoi îl trântea jos, direct într-o oală uriașă. Repeta mișcarea de 88 de ori, în medie. Atât de puternică era. Bine, se mai oprea din când în când, că spunea că o ține inima.

Îmi aduc aminte limpede majoritatea întâmplărilor din viața mea. Pun mâna pe cufărul memorie, suflu praful de pe el, îl deschid cu ușurință și am acces la tot ce poftesc. E cumva pe cutie același praf al străzii, un material ambiguu care conține, pe lângă murdărie și pământ, emoție, nostalgie, trecut. Știu drumurile făcute,

elementele care îmi atrăgeau atenția mereu, întâlnirile, misterul, chipurile, atingerile. Aveam de trecut un pod special peste liniile de cale ferată, ca să ajung în orașul propriu-zis. Cum coboram treptele, parcă puneam piciorul în altă lume. Un pod înseamnă acces și uniune, dar poate fi și simbol al distrucției. Am în cap Podul cu trei arce al lui Ismail Cadare, care adusese nenorocire într-o societate guvernată prin compromis și neputințe, dărâmându-se, cerând un sacrificiu uman, asemeni poveștii Anei lui Manole. Podul meu avea o structură metalică, dar puntea principală era făcută din scânduri și unele erau roase de vreme sau lipseau pur și simplu. Călcam atent și vedeam vagoanele aflate dedesubt, uneori chiar cablul de înaltă tensiune care alimenta locomotivele electrice. De fiecare dată când observam cablul, mi se aprindea în neuroni o imagine povestită de bunica - nu știu ce băiat din nu mai știu ce familie a tras cu praștia într-un porumbel, pasărea a căzut într-un vagon, el a vrut să urce în vagon, a ajuns mult prea aproape de cablul cu 27.000 de Volți și a murit curentat. Asta-i viața, a adăugat bunica. Asta-i moartea, mi-am zis eu. Cu podul nostru nu s-a întâmplat nimic rău până într-o seară ploioasă de mai. Podurile atrag mereu răul, uneori au nevoie de câțiva ani, alteori de câteva milioane de ani, e doar o chestiune de timp. Un bărbat se întoarcea acasă și nimic nu anunța tragedia. Punând piciorul pe o traversă umedă, acesta a alunecat, piciorul i-a trecut printr-o gaură, s-a tot dus în jos până a făcut arc între cablu și structura podului plin de apă. Bărbatul a murit ars pe jumătate din corp.

Curentul electric a depășit orice alt curent fin al inimii. A dezorganizat-o imediat, generându-i o fibrilație ventriculară, frecvență rapidă haotică ce e urmată imediat de stop. În acele clipe, bărbatul s-a prăbușit peste podul umed, piciorul rămânându-i fixat între scânduri. Cu inima oprită, creierul a rămas îmbibat în oxigen, suficient cât să observe cum o picătură mare de apă i se apropie de ochiul stâng și, nemaiavând putere să strângă pleoapa, se izbește de cornee și-i dă o senzație chiar plăcută. În următoarele secunde, alte picături i se lovesc de față, așa cum îi plăcea în copilărie. Rezerva i se consumă rapid și viața coboară în alte șuvoaie de apă, pe picior, pe cablu, de acolo pe pietrișul care fixează traversele șinelor. Asta a fost tot. S-a oprit ploaia. Mi-am găsit un loc prin care să trec cu atenție liniile, pe jos. Da, îmi era frică, fără niciun dubiu. Când spaima s-a evaporat, am reluat folosirea podului. Schimbaseră lemnele acelea blestemate cu niște plăci din metal. Nu mai erau găuri, nu mai existau scânduri lipsă, nu mai puteam vedea cablurile rele. E nevoie de moarte pentru a se petrece schimbări atât de utile în viață.

Bunica dăruia mult mai mult decât primea. Îi plăcea să facă anumite prăjituri și putea să hrănească toți copiii străzii cu ele. Când spun copii ai străzi, mă includ și pe mine, că stăteam de dimineața până seara târziu, ridicând praful, inventând jocuri, minunându-ne de toate lucrurile aparent mărunte. Așa era construcția ei. Nu putea sta locului, trebuia mereu să facă ceva, să aranjeze, să cumpere, să dăruiască, să frământe. Să se frământe. Am aflat ulterior că acesta e unul dintre secretele celor care trăiesc mult și o fac într-un fel genuin. Dinamismul. Să facă mereu câte ceva.

Există în orice om o luptă continuă între elemente bune și rele. Răul nu poate să dispară cu totul de acolo, e util pentru contrast, dar împingerea sa într-un colț obscur de către partea luminoasă duce la devenirea unei entități veritabile, apropiată de natură, de alți oameni, de frumos, de lucruri care pot fi explicate numai parțial.

– Nu o să uit niciodată când m-ai lovit atunci, mi-a spus Elis, cocoțat pe o creangă a cireșului.

– Acum mâncăm cireșe, de ce vrei să stricăm momentul? i-am zis.

– Pentru că asta mi-a venit în minte acum. Știi, te-am iertat, dar de uitat nu voi uita niciodată.

– O să uiți, dacă dai în Alzheimer. Am citit ieri despre asta.

– Alz cum?

– Alzheimer. E un nume propriu. Reprezintă o boală la cap, în care oamenii uită din aproape spre departe, de la cele mai recente amintiri până la cele mai vechi. La final, uită să și respire.

– Numai tâmpenii citești.

– Le vezi pe acelea două din vârf? Cum ajungem acolo? Sunt negre, mari și spre codiță au o crăpătură circulară, semn că au bubuit de coapte ce sunt. Sigur nu sunt stricate, eu așa le văd. Poți să confirmi că nu sunt stricate?

– Confirm. Putem folosi un cârlig ca să tragem creanga aia aproape.

Am folosit în copilărie tot felul de cârlige. Pentru fructe, aveam un fier subțire și lung, pe care îl îndoisem la un capăt. Trăgeam aproape caise, gutui, cireșe, mere, piersici, de multe ori tensionând o creangă până la rupere. Îmi părea rău, pentru că nu voiam să stric nimic, dar se mai întâmpla. Doboram cu el nuci, care câteodată îmi cădeau direct pe țeastă, experimentând gravitația lui Newton. Când desfaci o nucă, nu poți să nu observi că interiorul ei seamănă cu creierul uman; pomul își păstrează ce are mai bun și ce-i asigură continuitatea într-o carcasă dură, menită să reziste mult timp, până când poate găsi condiții propice pentru o naștere. Omul își păstrează ce are mai bun într-un înveliș osos dur, menit să reziste mult timp, până când poate găsi condiții propice pentru o...nu știu încă pentru ce anume.

Mi-am imaginat că-n bunica era un beci săpat adânc în pământ. La vreo trei sau patru metri adâncime, nu mai puțin de atât. Vara, când era foarte cald afară, în beci găseai răcoare. Iarna, când era incredibil de frig, te puteai retrage într-un adăpost călduț. Avea o grămadă de borcane înăuntru. Uite, în borcanul ăsta am ierburi de iubire. Uite, aici sunt boabe de bucurie. Acolo țin coajă misterioasă de calm. Ăsta e borcanul cu bețe de pasiune.

Cel din colțul întunecat e plin cu granule de lumină. Uite, în ăsta țin miez de empatie. Aici am condimente: generozitate și recunoștință. Acesta e multicolor deoarece conține pastă de idei uimitoare. Le dau oricui are nevoie, ar zice ea. Oricui are nevoie. Cred că am dat iama în beciul ei și-am băgat mâna prea adânc în borcanul cu empatie, pentru că mai târziu aveam să simt durere la suferințele oricui, de parcă eram eu în locul lor și trăiam totul pe viu, fără niciun soi de protecție.

17

Un turn de apă se ridică până la patruzeci de metri și ține sus un rezervor de mare capacitate, cât să alimenteze orașul, dacă rețeaua principală se strică. E o construcție din cărămidă, prin care poți urca pe o scară spiralată, doar dacă reușești să deschizi ușa metalică de jos, firește zăvorâtă. Turnul nostru stătea demult părăsit, așa că nu ne era greu să pătrundem în el, pentru că nu era păzit de nimeni și alții ne-o luaseră înainte cu explorarea. La nivelul de sus, după sutele de trepte parcurse, găseai un culoar care ocolea rezervorul propriu-zis și avea un metru lățime și vreo trei înălțime, închis complet cu beton, la 360 de grade. Șase ferestre lăsau o lumină gălbuie să deschidă puțin atmosfera, altfel destul de anostă. Era liniște acolo. Luam ferestrele pe rând și admiram de sus orașul, minunându-ne de micimea lui; una mă atrăgea mai mult, pentru că vedeam de acolo podul metalic peste calea ferată, iar la două străzi distanță se distingea acoperișul casei mele. Cu dezamăgirea ancorată adânc în mine, mi-am proptit mâinile pe zid și-am rămas privind în gol, lângă fereastra ce dădea spre bucata mea de lume. Ce se va întâmpla mai departe? De ce trebuie să urmăm un anumit parcurs, în niște legi sau tipare impuse absurd? Alergăm după examene, după reușite, după diplome, după praguri într-un timp care nu mai pare al nostru. Inima ne-o ia la trap și nu mai avem răgaz să rămânem un pic pe loc, să mai stăm noi cu noi, să mai trăim și așa cum simțim, fără rute pe tipare dictate de alții. Dacă nu voi reuși unde mi-am propus să ajung, voi reuși în altă parte. Dacă nu voi ajunge medic, nu-i nicio tragedie. Pământul se va roti exact la fel. Prea puțin îmi pasă ce vor crede alții. Cred că de fapt nu mai vreau să fac nimic. Pur și simplu nimic. Am tras aer în piept și frecvența cardiacă mi-a coborât ușor.

– Aici e un porumbel, are cuib, îmi zice Elis. Vrei să-l vezi?

– Vin acum. Să nu-l sperii.

– Nu știu pe unde a intrat, dar și-a făcut un cuib meseriaș tare.

– E o porumbiță, dacă stă pe ouă. Ia vezi, are ouă?

– Are două. Ai idee cât trebuie să stea pe ele până ies puii?

– Habar nu am.

– La oameni cât ține, parcă nouă luni, nu?

– Cam așa, dar la păsări cred că e altfel.

– O să mai venim în vizită, porumbițo, promite solemn Elis.

– Și o să-ți aducem apă și grăunțe, adaug eu.

– Și pufarine, gume, pufuleți, plusează el.

– Și suc de kiwi de la dozatorul de pe peron, strig eu.

– Și o înghețată în formă de urs panda care nu se duce în stomac, ci merge direct la suflet, închide Elis.

– Exagerezi. Înghețată la porumbei? Dacă răcește și nu mai poate sta în cuib?

– Stai tu, că oricum se pare că nu mai vrei să faci nimic în viață. Trei hohote de râs au umplut culoarul și au reverberat de câteva ori.

– Mai bine. Coborâm?

– Mergem, și pe drum ne gândim la un nume pentru porumbel. El e la comun al nostru, puii pe urmă îi împărțim.

Turnul era în curtea unei divizii care ținea de căile ferate, având acolo o locomotivă cu abur, alte piese monstruoase și multe hale pentru reparații. Am ieșit și am luat-o spre pod, ca să trecem în partea noastră de lume, plină de case. Pe pod, m-am străduit să pun câte un pas pe fiecare bucată metalică, numărându-le. Dacă până la sfârșit va ieși un număr par, totul va fi bine și voi fi împlinit. Șaizeci și șapte, șaizeci și opt, șaizeci și nouă, șaptezeci, șaptezeci și unu. Sunt un ghinionist. Cred că nu-mi va ieși nimic ca lumea în viață.

Dragă inimă,

Știu că te mai dor uneori genunchii, când te pui în ei. O faci atunci când ești copleșită de dor.

Sunt aici.

Cu drag,
V.

18

Aveam pe stradă un vecin pe care îl chema Gigi. Omul ăsta purta niște pantaloni uriași, plini de petice de tot felul de culori. Într-o seară îți putea povesti cum a sărit dintr-un avion german, de la cinci mii de metri înălțime, fără parașută, oprind căderea cu pantalonii lui bufanți. În altă seară îți spunea cum a ajuns la bostană și, din cauză că nu i-a mai venit tractorul pentru transport, a adus acasă toți pepenii în pantaloni. Dacă făceai greșeala să-l saluți în fugă, te oprea imediat ținându-te de un braț și-ți povestea cum era el pe o corabie și căpitanul, distrus de faptul că o furtună i-a făcut praf catargul și velele, l-a pus, la inițiativa lui, să stea cu pantalonii în vânt, repunând corabia în mișcare. Orice se întâmpla pe stradă și era mai interesant, îl atrăgea inevitabil pe Gigi, care zbura cu pantalonii lăsați în urmă, dornic să vadă totul, să gestioneze operațiuni complexe, pe viață și pe moarte. Trecea o mașină care lua gunoiul dintr-o curte? El ieșea imediat și se asigura că mașina aceea, mare cum sunt acestea de gunoi, trecea fără să aducă daune vreunui gard, chit că nu era gardul lui. Se spărgea vreo conductă pe undeva? El parcă își scotea lopata dintr-un crac și era în stare să sape toată ziua, de parcă îl puneau nemții să facă tranșee pe frontul împotriva Rusiei. Gigi lăsa impresia că e al naibii de inteligent. Sorbonna, Harvard, Stanford, MIT, Oxford, el parcă le absolvise pe toate până la vârsta de zece ani. În realitate, avea numai un stil aparte de a păcăli prin atitudine și limbaj. Așa se face că putea el săpa toată ziua, dar fără să găsească țeava. Calculele lui erau cumva extraterestre. Până la urmă, altcineva descoperea problema, dar el își băga iar nasul și lua tot meritul asupra lui. Odată, am avut un incendiu acasă, provocat de fratele meu mai mic. Un piroman, ce s-o mai lungim. Aveam un fel de magazie lângă stradă și frate-miu și-a aruncat o torță acolo. Aprinsă. Când a văzut că apare focul, Nero a fugit și nu a spus nimănui. Dar Gigi era neliniștit. Mirosea el ceva. A fost primul sosit la fața locului, scoțând prima găleată plină cu apă de undeva, pesemne că tot din cracul peticit de unde scotea și lopeți. A strâns alți vecini, cu țipetele de rigoare, a coordonat totul cu mișcări ample, coreice, și a stins incendiul prin metode care au cerut un timp de cinci ori mai mare decât ar fi fost normal, dar nu mai contează asta. El era un erou. Eroul.

Stăteam odată în pat și mă gândeam la oameni de neuitat, pe care i-am întâlnit cu toții. Mi-a venit în minte Gigi. El nu mai e de mult printre noi, dar uite că a rămas cumva, undeva. A lăsat un semn. Și o pereche uriașă de pantaloni, pe care o mai vizualizez din când în când. Mare lucru.

De ce anume ne e dor atunci când ni se face dor? Ne lipsesc atributele unei persoane per se sau felul în care ne face aceasta să ne simțim? Ne e dor de ea sau de persoana care devenim lângă ea? Stabilim legături numai în prezența omului respectiv sau ele se păstrează indiferent de distanță și timp? Complicat. Dorul este un amalgam din toate, un sentiment probabil vechi de când lumea, care a animat mari iubiri, presărând tristeți și oftări prelungi, împingând voințe, disipând distanțe, născând idei, generând cuvinte în vârf de peniță.

Există și un mecanism fundamental, poate cel mai frumos dintre toate „protocoalele" creierului. În Cornul lui Amon, structură veche a organului cocoțat în mansardă, se fac asocieri aparent ciudate. Culori, parfumuri, sunete cu oameni, senzații, sentimente aparte. Dacă mergem pe stradă și mirosim un parfum anume pe care îl folosea un prieten în urmă cu zece ani, acea persoană ne vine vie în minte, chiar dacă totul părea de mult uitat. Dacă auzim o bucată de muzică, vizualizăm un chip drag alături de care am ascultat cândva acea compoziție. Dorul ne copleșește și nu-i nimic rău în asta. Ne aducem aminte, din timp în timp, cât de oameni mai suntem. Dorul și expresia „ne aducem aminte" merg mână în mână, întrucât fără memorie el nu are cum să existe. Păstrăm legături dincolo de metri și minute. Ne gândim cu mare dor la cineva și rămânem uimiți când aflăm că acel cineva s-a gândit de asemenea la noi sau apare de parcă a fost chemat cu puterea minții. Sincronicitate, ar spune niște cugetători bărboși cu pipa-n colțul gurii. Cât timp vom mai avea astfel de senzații, viața noastră nu va duce lipsă de diversificare, tumult și avans. Suntem niște norocoși, chiar dacă, detașat vorbind, dorul pare frate cu tristețea. Nu e.

Sunt departe de locurile prinse în negura trecutului meu. Uneori, apuc trecutul de niște fire delicate și-l aduc lângă mine, anulând distanțe și timpuri. Distanța. Ce lecții teribile livrează. Ne umple de dor și ne învață prețuirea apropierii. Ne arată cum să măsurăm un lucru, îndepărtându-ne puțin de el. Ne arată cât de mici și vulnerabili suntem cu toții și cât de mari și protejați devenim când ne lipim unii de alții. Ne demonstrează că, oricât de lungă ar fi, dragostea se întinde și o depășește, cu câțiva milimetri la fiecare capăt, pentru siguranță. Distanța înseamnă prea puțin când celălalt înseamnă atât de mult. Ea se prăbușește sub viteza gândului și se dezvoltă falnică sub pecetea fricii. Distanța cere curaj, tărie, speranță, optimism. Nu toți reușesc să se descurce cu ea. Trist e atunci când fizic este măruntă, cu doi oameni care împart același pat, iar metafizic este uriașă, ei stând spate în spate, fără vorbe, fără armonie, fără iubire. Distanța se deschide ca un hău după un „rămas bun" și regresează accelerat după un „abia aștept să te văd". Teribile lecții livrează. M-am gândit la patul lui Elis, care nu era numai al lui, ci aproape al întregii familii.

– De ce dormi în fiecare zi până la zece? l-am întrebat într-o doară.

– E simplu. Eu nu trebuie să mă duc la școală.

– Cum adică?

– Nu mă duc și cu asta, basta.

– Și ce vei face mai târziu, în viață? Cum și din ce vei trăi?

– Mă descurc eu, nu-mi trebuie fracțiuni sau poezii învățate pe deasupra. O să muncesc, cum muncesc și acum.

– Dar nu-ți dorești să devii ceva anume, să devii cineva?

– Am terminat șase clase, citesc destul de bine, pot să scriu, pentru calcule am și calculator când mai vând pepeni la sfârșit de iulie. Tata a zis să stau acasă și să-l ajut. Plus că la noi nu e bine să faci multă școală. Bate la ochi.

– Prostii. Cred că ai un potențial foarte mare, dar te oprești în niște concepții absurde.

– Eu ți-am vorbit frumos până acum.

– În fine. Când mergem să culegem pepenii?

– Nu e timpul încă. Te anunț eu.

– Auzi, dacă nu avem unde să-i punem, îl luăm pe Gigi cu noi. Mi-a zis că odată a îndesat toți pepenii din bostanul lui în pantaloni și s-a întors așa pe jos acasă.

– Da, dar tu nu ai aflat o chestie tare de tot. Acum vreo două zile cică a fost la fluviu și a dat din barcă la pescuit, numai că în loc de plasă a folosit altceva.

– Pantalonii?

– Normal. Și apoi a vrut să strângă plasa, pardon, pantalonii, numai că erau atât de mulți pești înăuntru, încât nu a reușit să-i tragă pe toți în barcă. S-a întors cu cinci guvizi și o plătică, scăpând somnii de peste o sută de kile.

– Sau o sută de ore, mai bine zis.

– E simpatic, dar minte și când bea apă.

– Vii să ne uităm pe niște atlase, până ne face bunica ceva bun?

– Vin.

Mi-e dor de bunica. Unele distanțe pot fi anulate doar mintal. Unele timpuri pur și simplu nu pot fi anulate. În cufărul memorie te poți doar uita; dacă încerci să atingi ceva din el, se închide cu putere, lovindu-ți mâinile. Și doare al naibii de tare. Bunica a făcut orez cu lapte, a presărat peste el scorțișoară cu degetele ei bătătorite și ne-a chemat pe toți la masă.

Chiar și pe cel care incendiase cândva o magazie. Fapta e făcută, o luăm ca atare, mergem mai departe; mâncați ușor și nu vă mai certați, ne-a zis ea. Elis o iubea, pentru că ea mai mergea în vizită la bunica lui și-i ducea o parte din mâncarea pe care o făcea pentru noi. Asta la câteva zile.

19

Deschid geamul și inspir aerul rece. Îl țin câteva secunde, îl eliberez, repet procedura, mă așez pe fotoliul scăldat în soarele firav. Dincolo de balcon, se desfășoară o poveste. Ea are părul strâns, cam o jumătate de veac, o voce gravă. El e mic de înălțime, pare cu câțiva ani mai tânăr. Fiecare are câte o scară de bloc în îngrijire.

– Ai terminat?

– Mai am cartoanele astea. Uite, patru cutii de pizza, cine mănâncă atâta pizza?

– Dacă aș avea bani, aș lua și eu. E bună. Aș lua în fiecare zi.

– Mai bine o ciorbă cu legume, cu carne, cu tăiței. Asta-i mâncare adevărată.

– Ai făcut ciorbă?

– Nu, ziceam doar.

– Azi ce mâncăm?

– Stai să termin cutiile și văd apoi.

– Vrei să ți le fac eu?

– Tu ai terminat la tine?

– Oh. Sunt treaz de la cinci. Am strâns tot, am spălat și pe jos.

– Bine. Fă-le tu pe astea. Mă doare spatele să mă tot

aplec după ele.

Liniște. Ea cred că a plecat. El rupe niște cutii și pune bucățile de carton, una peste alta. Eu stau cu fața sub soare. Revine vocea gravă.

– Le-ai și terminat?
– Normal. Ce te-ai face tu fără mine?
– Dar tu ce te-ai face fără mine?
– Nu știu. Nu m-am gândit.
– Ia, ți-am adus cafea.

Când eu mă bucur de soarele timid, ei sunt rezemați lângă blocul de vis-a-vis. E liniște, e dimineață.

„Ce te-ai face tu fără mine?" îmi reapare în minte și las celelalte gânduri pentru a pregăti o cană mare de cafea. Poate că fiecare s-ar descurca, dar mai frumos este „nu știu, nici măcar nu m-am gândit."

20

De fiecare dată când scriu despre pacienții mei, mă supun unor presiuni teribile. Îmbrățișez aici nonficțiunea și cred că textele, descriind întâmplări și persoane adevărate din spitale, au puterea de a schimba ceva în fiecare; altfel nu o făceam. Niciodată. Medicul nu are voie să dezvăluie date din actul medical; nu are voie să facă publice elemente care ar duce la identificarea ușoară a unui pacient. Se poate proteja de o încălcare a secretului profesional, cerând un acord din partea pacientului. Poate schimba unele date, dar esența rămâne aceeași.

Am scris în mare parte despre oameni care nu mai sunt. Ei mi-au lăsat puțin din viața lor, le-am știut suferințe care s-au prelungit dincolo de diagnostice pure, iar a scrie despre toate astea, chiar într-un mod care să mă protejeze pe mine de o încălcare a unor reguli clare, mă chinuie teribil. Pentru că eu știu cine au fost ei și ce am trăit lângă ei. Am povești pe care le-am scris în anumite stări și pe care n-am îndrăznit să le public niciodată. Mai dau peste ele, le citesc iar și iar, îmi vine să le scot sub ochii lumii și nu pot. Pe unele reușesc, chiar dacă și acolo am apăsări.

Poveștile acestea adevărate au, dincolo de tot chinul

de a le concepe, sluțindu-le cumva, puterea de a zdruncina un om și a reconfigura umanitatea și toate raporturile din el și ale lui cu lumea din exterior.

Acesta-i motivul pentru care am așternut povești din spital, chiar dacă tulbur fiecare celulă-n mine când o fac. Pentru că eu știu oamenii din fiecare poveste.

21

Domnul Anton mi-a făcut cu mâna pe trotuarul din fața spitalului. Coborâsem împreună să-l conduc la mașină, împingând scaunul cu rotile din salon, pe hol, în liftul mare, la parter, pe rampă, pe trotuar, până la mașina care avea să-l ducă înapoi la cămin. Mi-a mulțumit și cred că pe undeva îi părea rău că pleacă, chiar dacă se făcuse bine și era normal să plece. Pacienții părăsesc spitalul, nu-i mare filozofie în asta. Sau nu pare că e, pentru că esențele lucrurilor sunt cu totul altele. Acest om stătuse cinci săptămâni internat și ajunsese foarte aproape de moarte de trei ori. Prima dată, s-a gândit că n-ar fi rău să facă un edem pulmonar acut, adică plămâni umpluți cu apă. A fost scos greu, după doze mari de diuretic, nitroglicerină și oxigen. A doua oară a făcut stop cardiorespirator, pentru că potasiul îi crescuse rapid și probabil generase o aritmie severă; a fost resuscitat prompt, cu succes, făcând apoi câteva ședințe de dializă pentru corecția potasiului. A treia oară s-a gândit că n-ar fi rău să se ridice brusc din pat, pentru a face câțiva pași prin salon. A căzut și s-a lovit de noptieră, necesitând intervenția chirurgilor plasticieni pentru coaserea unei plăgi la nivelul pometului stâng. După patru săptămâni, inima i-a fost echilibrată și a mai stat încă șapte zile, pentru monitorizare, să fim siguri că externarea este posibilă în condiții de stabilitate.

Într-o seară de aprilie, mă anunță infirmiera că domnul Anton vrea să poarte o discuție cu mine. Mă duc imediat și mă așez pe patul gol de lângă, proptindu-mă cu mâinile amândouă în saltea.

– Aș fi vrut să nu mă mai faceți bine.
– De ce spuneți asta?
– Sunt teribil de singur și trist.

Mi-au venit în minte discuții mai vechi cu unii pacienți care, trecuți de 70, 80 sau chiar 90 de ani, de multe ori se plângeau de singurătate, că sunt izolați în case și nu au cu cine vorbi. Știam că această cotă de comunicare contează enorm în starea de sănătate, fiind dovedit cert că suntem ființe pur sociale și interacțiunea cu alți oameni promovează longevitatea și buna viețuire. Mi s-a părut cumplit de trist - trecerea asta din singurătatea anahoretică ce poate părea propice pentru acte de creație și chiar fericire la singurătatea lungă și apăsătoare, care are doar efecte nocive.

– Am fost dus la cămin de către băiatul meu.
– Îmi pare foarte rău să aud asta. Cum s-a întâmplat?
– Repede. M-au suit în mașină, m-au dus acolo și asta a fost.
– Probabil nu vă puteau îngriji așa cum trebuie.
– Nu m-au îngrijit niciodată. Nici nu veneau la mine,

el sau soția lui. Mă descurcam singur.

– Atunci de unde acțiunea asta?

– Casa. Îmi voiau casa. M-au păcălit și m-au izgonit din ea.

Medicina nu te pregătește pentru astfel de povești. Te poate pregăți viața, dar nu e neapărat. Există riscul să te trezești novice în fața unei astfel de discuții și să nu ştii cum să reacționezi. Ai parte de tristețe și-n zilele tale, că ale nimănui nu sunt pe deplin fericite, dar când vezi exemple mai triste, consideri că pe undeva multe lucruri sunt nedrepte. Și ele se întâmplă în fiecare clipă.

– În fine. Mă voi întoarce mâine la cămin.

– Nu aveți prieteni acolo?

– E un cămin special, cu bătrâni foarte bolnavi, mulți au demențe și trebuie supravegheați. Mă dezolează mediul.

– Îmi pare foarte rău.

În spital îl vizitase totuși cineva și de la cămin sunaseră cel puțin o dată pe săptămână să se intereseze de starea dumnealui. Bărbatul care îl vizitase era soțul unei asistente din cămin. La una dintre vizite, m-a tras un pic deoparte, ca să-mi povestească ceva. "Să știți că domnul Anton este un om extrem de deștept. A fost profesor universitar, a scris și câteva cărți. Cu băiatul nu s-a înțeles prea bine, iar în ultimii ani conflictele au escaladat. L-au convins să semneze niște acte și apoi l-au dat afară din casă. E diabetic și cardiac, are și probleme mari la spate, asta știți deja. La cămin au aranjat să fie supravegheat, pensia se duce toată în plata lunară. Am înțeles că la câteva zile l-au sunat și l-au anunțat că acolo va rămâne până va muri, că ei vor vinde casa și vor pleca din țară. Nu știu cum pot exista oameni cu asemenea inimi. Și din păcate sunt multe exemple similare la cămin. Prea multe. Oamenii ăștia sunt abandonați pur și simplu. Unii o iau razna acolo. Altora li se agravează bolile lor sau se nasc unele noi. Ați văzut, el abia mai putea să respire când a ajuns, cred că și pentru că dintr-o revoltă nu și-a mai luat pastilele de câteva zile. Nu știu ce putem să facem."

Rolul unui medic e să asigure pacientului suportul medical pe perioada internării, cu toate resursele posibile. Actul are mereu o doză de empatie, încercând să ne punem în locul oamenilor internați, să-i înțelegem și să încercăm a face mai multe pentru ei. Oamenii vin și pleacă. Atunci când pleacă, nu mai știm nimic despre viețile lor. Nu știm în ce familii se întorc, dacă au acolo bucurie sau suferință. Nu știm în ce medii complicate revin, înconjurați de singurătate. Nu privim dincolo de spitalul în care ne facem meseria. Poate dacă am face-o cu maximum de empatie, am lua-o razna cu toții.

Am înțeles, din interacțiunile mele cu pacienții, că viața e o chestiune complicată. Suferințele se țin scai de unii. Moartea pentru alții pare o ispită dulce, un fel de scăpare. Când am coborât cu domnul Anton, în inima mea s-a produs o schimbare ireversibilă. Mi-am luat la revedere de la un om pe care îl reechilibrasem cumva împotriva voinței lui. Îi făcusem un rău, chiar dacă îi făcusem un bine.

Când m-am răsucit să urc treptele intrării în clădire, a început să plouă și câteva picături mari, primăvăratice, mi-au udat halatul albastru.

22

M-am așezat în iarbă, lângă turn. Albastrul cerului te poate hipnotiza. Nu cred în trasee întâmplătoare, în evenimente fără nicio legătură între ele. Nu. Am trăit prea multe momente în care totul părea conectat, de parcă universul, curios lucru, voia cu tot dinadinsul să creeze o viață cât mai bună pentru mine, să mă facă cumva fericit. Încă mai cred asta, într-o spiritualitate care pentru unii e sinonimă cu naivitatea. M-am aplecat dintotdeauna asupra oamenilor și-n mine au stat impulsuri care-mi spuneau să devin medic. În orice om există lucruri neterminate, care rod fiecare mecanism și-l fac să-și piardă lichidele de ungere, blocându-l. O dorință neîmplinită, o relație neconcretizată, o ceartă fără împăcare, sunt doar câteva entități care pot cântări enorm în nefericirea unui om. "Ce ar fi fost dacă" e o expresie atât de grea. Nu am vrut să evit asta, să devin altceva și apoi să-mi aprind insulele neuronale cu această expresie. A mai contat ceva: mama și-a dorit să devină medic. Provenind dintr-o familie săracă, părinții ei au făcut eforturi mari să o pregătească, să o trimită în capitală, să încerce cu examenul când era o competiție foarte mare pe fiecare loc. Mama nu s-a putut obișnui în orașul mare, nu a putut îmblânzi emoțiile acelei etape care presupunea eforturi uriașe și, cu mințile pierdute, a ratat examenul acela. Și pe cel din anul următor. Am vrut să extind teoria lucrurilor neterminate și să-mi vâr puțin nasul într-ale mamei. A mai contat ceva: bunica își dorea să fiu medic pentru a o face să meargă din nou. Era o utopie, pentru că nu orice medic poate face un om să meargă; uram ortopedia, dar speram ca devenirea mea să producă un miracol, paradoxal față de orice registru al medicinei. Să îi spun uite, am ajuns medic, te las o perioadă, e timp să se întâmple ce trebuie să se întâmple, din orice moment te vei ridica și vei merge din nou.

Nu știu cum a zburat timpul. Cred că nimeni nu știe. Am lăsat în mine să crească mugurele medicinist și m-am pregătit temeinic pentru examen. Mă vedeam tot mai rar cu Elis.

– De ce ți-au pus numele ăsta, Elis? l-am chestionat eu, curios.

– De la cântărețul ăla, Elis Prisli. Așa se pun numele la noi.

– Elis Prisli? Și-ți zice și Prisli sau doar Elis?

– Și Prisli, normal. Așa se pun numele la noi.

– Mi se pare genial. Cinste părinților tăi.

– Să se mai ducă naibii, că mă pun la treburi prea grele. D-asta fug mereu.

– Ajută-i, că sunt bătrâni. Tu ești mai tânăr decât mine și ai tăi sunt mai în vârstă decât ai mei.

– Lasă astea. Unde mergem azi?

– Nicăieri, că am de învățat. Voiam doar să mai schimbăm câteva vorbe, să-mi clătesc și eu mințile. Auzi, Elis Prisli, mare cântăreț. Genial.

– Râzi ca prostu'. Du-te la cărțile tale. Pa. Nu mai vorbesc cu tine. Adio.

Cu Elis nu prea stătea nimeni, pentru că era rom. Putea foarte bine să rămână într-un grup de români, dar era sătul de glume, de insulte, de priviri. Chiar și când acestea nu existau, și le inventa singur, ca un mecanism de extraprotecție, de prevenție primară, pentru a nu suferi. Mi-a fost foarte greu să-i câștig încrederea, să-l fac să se simtă în largul său, să știe că are un prieten, nu un presupus amic căruia îi e rușine să fie văzut cu el și profită de numeroase ocazii să-și arate pornirile xenofobe. Erau realități palpabile, așa cum era grâul galben sau a patra fereastră din turn, de care mă sprijineam cu nasul, umezind-o cu aburul ieșit din mine. Elis era mic de statură, nu-și tăiase încă mustața neagră cu lama sau briciul. Părul îl purta dezordonat și spre tâmple îi cobora mult, aproape unindu-se cu coada sprâncenelor. Nu avea nicio șuviță dată cu briantină, așa cum obișnuia originalul purtător de nume. Își aranja părul direct cu șampon, așa îl făcea să stea în anumite poziții și să lucească în soare. Avea o pereche de pantaloni, una singură, peticită și răspeticită, cu o dungă verde pe lateral, peste croiala gri, evazată spre glezne. Purta cel mai des un tricou larg, cu o mică inimă roșie așezată în dreapta, ca un situs inversus simbolic. Picioarele și le băga cu dificultate în niște tenişi rupți, făcuți special pentru fotbal pe iarbă, cu crampoane din cauciuc pe toată talpa.

Îi explicam un milion de lucruri și mi-a găsit porecla *Știe-tot*, care mă enerva teribil, dar treceam și peste asta. Îi dădeam pufarine, pufuleți, biscuiți cu unt sau cu miere de albine, gume de mestecat, dublurile de la surprizele din ambalajul gumelor. Am stat și m-am gândit la o chestie: renunțăm ușor la duplicate, nu se rupe nimic în noi dacă oferim ceva și acel ceva ne rămâne și nouă, să ne bucure în continuare, dar dăruirea supremă apare atunci când dăm un unicat, renunțând la el fără să ne rămână o rezervă. Debarasarea asta e chiar izvor de fericire. Am pus în niște plase mari haine, colacul meu gonflabil cu mânere, mingea de rugby, fluierul din lemn cu nouă găuri, toate surprizele cu mașini, atlasul cu insule exotice, Portretul lui Dorian Grey, setul de pirogravat și cubul Rubik, ducându-mă cu sufletul la gură la Elis, să i le dau lui pe toate. M-a oprit taică-său în poartă, zicându-mi că am exagerat, nu poate primi toate lucrurile acelea, ce idee proastă am avut, o să mă certe ai mei. Nu m-a lăsat să-i dau nici măcar cubul. M-am întors acasă dezamăgit, știam că erau săraci și nu înțelegeam de ce m-au refuzat, când aveau să primească două plase mari cu lucruri folositoare pentru copilul lor; hotărât să acționez cu prudență, fărâmă cu fărâmă, aveam să mă pregătesc pentru evitarea căderii în extreme. Să dau aproape totul, chiar și lucrurile unicat, dar să o fac lin, puțin câte puțin.

Bunica stătea în același pat. Diminețile îi aruncau soarele pe pătură, pe mâini, pe față, peste părul alb, dat peste cap. Era o evoluție centripetă, o restrângere de lume, de la un areal imens până la o singură cameră, la pat. Era ca o reîntoarcere într-un uter, cu avantajul de a avea lumină naturală și creierul plin de informații, de amintiri, de trăiri, în contrast cu tabula rassa unei ființe la început de viață, prinsă în lichid și întuneric. Ar fi vrut să frământe cocă pentru cozonaci, să meargă la biserică, să se plimbe spre prietenele ei, să ne ia de la școală, să mâncăm înghețată pe băț în august, să desfacem portocale în decembrie, să stăm la povești la lumina lumânărilor, când se întrerupea energia electrică, de la ei. "*Tu să devii medic, să mă faci să merg iar.*"

23

A stat treisprezece ani în pat. Din momentul în care femurul stâng a plesnit în trei locuri, nu a mai pus piciorul în pământ. Mulți spuneau că va muri din cauza imobilizării, că va face cheaguri de sânge care vor ajunge în plămâni, că nu are cum să o ducă mai mult de câteva luni. Medicii au refuzat să-i opereze osul. Treisprezece ani înseamnă treisprezece înmulțit cu douăsprezece luni, adică 156 în total. Câteva.

– Auzi, cum o fi să stai atât de mult în același pat? m-a prins Elis, când îl ajutam să astupe niște găuri din spatele casei sale.

– Tu ar trebui să știi, că dormi și câte paisprezece ore pe zi, i-am răspuns ironic.

– Serios acum, vorbeam de bunica ta.

– Ah. Uite, sunt venit acasă de două zile și n-am avut curaj să merg în camera ei, să o văd. Ea știe că sunt acasă și cu toate astea n-am vizitat-o.

– De ce?

– Nu pot. Pur și simplu nu pot. Nu mai pot. Mă frământ prea tare când o observ așa și nu mai vreau să sufăr. Cred că a făcut și un accident vascular cerebral, că își folosește mâna dreaptă greu. Se degradează.

– Dar tot trebuie să o vezi, indiferent de starea în care e.

– Nu am curaj. O să plec diseară. Poate altădată.

– Vii tot mai rar. Cred că își dorește să te vadă.

– Mă voi ocupa și de asta, am altele pe cap, examene, mai și muncesc. Lasă-mă cu toate prostiile astea.

– Știi, nu ți-am spus o chestie, dar ți-o spun acum. În mai multe rânduri, noi nici nu aveam ce pune pe masă. Stăteam și ne mulțumeam gândindu-ne la mâncare. Apoi se întâmpla ceva, iar și iar, fără să treacă prea mult timp. Ea apărea și se ducea direct în camera lu' mamaie, zăbovind pe acolo cam o jumătate de oră. Nu știu ce vorbeau, cert e că după ce pleca, simțeam că nu va mai întârzia chemarea la masă. Ne lingeam pe degete cu toții.

– Da. Și-mi pare rău că nu se mai întâmplă asta. Știam. A făcut la fel și-n trecut, s-a ocupat de creșterea unor verișori, ajuta alți vecini constant, pe lângă grija pentru noi, cei patru. Așa era ea.

– Să te duci să o vezi. Poate mergem chiar amândoi, în seara asta. Eu nu i-am mulțumit niciodată.

– Hai să terminăm cu găurile din perete, că-ți va intra zăpada pe aici la iarnă. Apoi mai vedem ce facem.

N-am mai fost să o văd niciodată și-n mine plutește un lucru parcă neterminat. La puțin timp după ce împlinise 88 de ani, a lăsat camera goală. Intrase în ea când avea 75 și cred că nici prin gând nu îi trecea că va sta acolo încă 13.

24

O pacientă mi-a spus că semăn leit cu fiul ei mort. Asta m-a speriat teribil. Adică semăn cu un bărbat mort, rece, livid, alb, tras la față, cu chipul anost, cu trupul inanimat? Sau oare semănam cu fiul ei când încă era în viață? N-am putut cere mai multe detalii și m-am retras în baia mică de lângă departamentul de radiologie, să mă analizez, să mă privesc timp de câteva secunde în oglindă, în speranța că poate voi găsi singur răspunsul.

Eram obosit. Cearcăne adânci își făcuseră cuib sub ochii mei care nu mai aveau pic de strălucire, fiind mați într-un negru înconjurat de multe firicele roșii. Aveam fața palidă. Mi-am dus cu dificultate mâinile sus și-am apăsat acele pungi umflate de nesomn și tensiune. Mă întrebam dacă voi mai scăpa vreodată de ele sau dacă nu cumva vor avansa, coborând spre obraji, spre mandibulă, spre gât, spre clavicule, spre piept, spre ombilic. Mă gândeam dacă nu cumva voi deveni tot o pungă umflată cu oboseală. Cred că avea dreptate; la exterior cel puțin, semănam cu fiul ei mort. Dar interiorul? Cum să fac să-l iau acum sub lupă și să-mi dau seama dacă e sufocat de suferință sau plutește în lumină? Unde să duc mâinile și să apăs?

M-am întors în salon și-am întrebat-o cum era fiul când trăia. Știam că deschid un portal sensibil, dar trebuia să o fac, să sap, să mă liniștesc.

“Băiatul meu avea părul negru strălucitor și ochi care făceau liniște în jur. Era calm, stătea retras, vorbea puțin și calculat, citea mult și scria la o carte pe care n-a terminat-o niciodată. Am foile acasă. Parcă-l văd aici, lângă mine, când mă uit la dumneavoastră. Mă uit și e aici. A murit de leucemie, la 28 de ani. Când boala l-a vlăguit, abia mai putea să scrie. Îi tremurau mâinile și se încăpățâna să folosească stiloul, că-i plăcea așa. De multe ori se murdărea de cerneală. La un tratament chimio, mi-a zis că cel mai mult își dorește să termine de scris, să rămână ceva în urma lui. Când evoluția părea favorabilă sub tratament, a făcut niște complicații pulmonare. Îmi amintesc cum stăteam de vorbă pe holul spitalului cu un medic tânăr și el mi-a spus că prea multe nu se mai pot face. Prea multe nu se mai pot face. Era cumva împăcat, nu-l luase chiar prin surprindere. Nu știu ce a simțit în acele clipe, dacă era speriat, dacă l-a durut ceva. M-am gândit la asta luni la rândul. Dacă l-a durut ceva, dacă a văzut lumină sau întuneric, dacă a văzut multe cuvinte care în sfârșit se aranjau perfect și-i terminau cartea sau dacă era trist că nu a terminat-o. Am tins să cred că a plecat trist și m-am blestemat pentru asta. Așa m-am și îmbolnăvit și-am început să cutreier spitalele. Episoadele de fibrilație le fac toate pe supărare, nu pe altceva. Pe supărare.”

Cred că am deschis cutia Pandorei și-am căzut în ea. Aveam în față două drame: mama bolnavă și povestea încapsulată în ea, de care nu avea să scape niciodată. I-am amintit de fiul ei. Pacientul nu e niciodată un simplu cumul de diagnostice, ci posedă povești, unele chiar fabuloase. Medicul care reușește să depășească limitarea rece a unei liste de diagnostice gustă din toate poveștile și le strânge în inimă. Dacă poate, și ar fi indicat să o facă, trebuie să nu ignore poveștile și să construiască actul terapeutic ținând cont de toate învelișurile omului. De multe ori, o vorbă contează mai mult decât un pumn de pastile.

Dacă nu voi reuși niciodată să termin o carte, exact ca fiul pacientei? Mă apasă asta. Un lucru neterminat e o corvoadă pentru învelișul psihic. Poți să nu-l termini pentru că elogiezi inactivitatea, te temi mereu de ceva sau pur și simplu nu mai ai timp pentru că mori. Temă de gândit.

"Am toate foile acasă.
N-am știut ce să fac cu ele.
Pe multe nici n-am reușit să le citesc.
Prea multă suferință. Sunt prinse într-o mapă. Am și stiloul lui.
Am păstrat și urmele de cerneală de pe bluză.
Am toate foile acasă.
Și mă tem că nu voi reuși să le citesc.
După ce el nu a reușit să le termine."

25

Nu vorbim suficient de mult despre tulburările psihice (îndeosebi depresie) care contează enorm în ecuația sănătății. Am spus cândva că cea mai mare luptă a noastră în viață este probabil aceea de a rămâne normali la cap până la final. Și de multe ori nu putem. Ajungem în medii care ne apasă din toate părțile. Ajungem lângă oameni care ne trag în jos și ne dezamăgesc. Ajungem în relații în care suferim profund. Muncim până la epuizare. Ne refugiem în trecut. Ne sperie prezentul. Ne înfricoșează viitorul. Ne trezim cu animale uriașe pe umeri. Suntem înconjurați de negură și ea ne pătrunde și-n minte, îngreunând fiecare judecată. Nu știm cum să ieșim din tot, la cine să mai apelăm, cine să ne mai înțeleagă.

Dacă ne luăm inima-n dinți și apelăm la psiholog sau psihiatru, ne rușinăm teribil. Dacă vorbim deschis cu ceilalți, riscăm să fim judecați și etichetați. Lumea are problemele ei și tinde să fugă de un om cu depresie, pentru că îl vede ca pe o extragreutate. Puțini stau aproape și vor să ajute veritabil. Am trecut prin asta. Am suferit enorm. Îmi era teamă să fac un pas în lume. Aveam atacuri de panică cumplite. Am scris cândva o poveste, incluzând acolo iubirea, dar povestea a apărut nu din lipsa iubirii și ea oricum nu e absolut obligatorie în ecuație, dar este un minunat exemplu; poate fi însă înlocuită cu orice formă de ajutor.

Aș vrea să ne deschidem mai mult pe acest subiect.
Aș vrea să ne simplificăm viețile.
Aș vrea să atingem armonia în orice.
Aș vrea să nu mai alergăm orbește după fericire.
Aș vrea să nu credeți că medicii sunt imuni la așa ceva.
Aș vrea să nu ne mai urâm atât unul pe altul. Aș vrea să știm să cerem ajutor.

Iată povestea:

Stau în turnul meu, bine ferit de lumină, bine ascuns de oameni. Am loc cât să stau mereu în picioare, nu mă pot așeza niciodată și tocmai din cauza asta mai și obosesc, deseori. E cald înăuntru, sub zidul făcut din piatră și plumb. Aș vrea să cobor măcar în genunchi, poziția de-acum firească a sufletului din mine. Aș vrea să simt pământul cu palmele, dar nu-l ajung. Mă dor ochii. Din interior, nu pot să fac nimic. Am ridicat acest turn din toate acțiunile mele stupide, e zugrăvit cu anxietăți, are la fundație depresii, acoperișul e făcut din frici multiple. Nu mai pot face nimic. Dacă încerc să-l sparg, mă rănesc. Dacă țip, sunetele se întorc în timpane și-mi zdruncină creierul. Dacă plâng, nu impresionez nicio cărămidă. Ce să fac?

Mă-ntorc în piruete și ridic privirea. Până la acoperiș mai sunt cam două laturi de palmă. Nu e nicio lucarnă acolo, doar o gaură prin care intră aerul. Nu mai știu când e dimineață sau seară. Nu mai știu ce-nseamnă natură, plăceri, iubire. Dacă vreau să respir mai amplu, zidurile mă strâng. Dar pot visa și pot gândi. N-am pierdut chiar totul. Acestea sunt cele mai frumoase libertăți.

Încep să mă gândesc la lucruri frumoase. Încep să visez cu ochii închiși sau deschiși, oricum aici nu contează. O văd cum este atrasă de turn, cumva misterios, neștiind ce se ascunde în el, ce calități sunt acolo, ce sămânță inhibată care, eliberată, poate exploda în verde și viu. Tind să cred că îi pot influența mișcările și deciziile. O văd cum îmbrățișează turnul, se chinuie să-l cuprindă, să-i înțeleagă conținutul. Ar vrea să plece – nu pare nimic interesant înăuntru. Dar cumva o țin aproape sau altceva o ține, sau o mixtură între voința mea și complotul universului. Îmi place să cred că are ochi mari și albaștri. Că e frumoasă pe dinafară și pe dinăuntru. Că turnul ei are multe ferestre, e spațios și nu o îngrădește în niciun fel. În al meu e dezastru.

Se dă câțiva pași în spate, să măsoare totul. Să mă măsoare. În ea crește o dorință aparent absurdă. Va face cumva și va dărâma turnul. Începe să alerge, din ce în ce mai tare, pune umărul drept în față și se lovește de zid. Nimic. Iar pași în urmă, repetă mișcarea, iar și iar, până nu mai poate de durere. Simt mici vibrații, în întunericul meu. Pune mâna pe o piatră și dă cu ea în cărămizile puternic sudate cu cimentul neplăcerilor mele. Nicio zgârietură. Se lasă pe genunchi, ea poate face asta. Plânge. Știe, acum mai mult ca oricând, că înăuntru e ceva care chiar merită orice luptă. Mă gândesc cum se ridică pe vârfuri și cercetează, zonă cu zonă, să nu existe vreo infimă crăpătură pe care să o exploateze. Nu există. Îi bate inima cu putere, o inimă de altfel mică și uriașă în același timp.

Nu a mâncat de trei zile. Îmi pare rău pentru ea. Cred că îi aduc suferință, cum generez multor altor oameni. Aș vrea să dispar, dar nu pot nici asta. Nu pot să mă autodistrug în turn. Vrea să verifice acoperișul. O îndrum cu gândurile, o pun să ia o scară mică, se găsesc atâtea prin orice suflet bun, o așează de perete, urcă suav pe ea, atinge vârful turnului meu. Acolo, vede deschizătura prin care aerul proaspăt se schimbă cu cel consumat de mine. A găsit, după multe încercări, infima crăpătură pe care să o exploateze. Nu știe ce să facă mai departe, își prinde capul între mâini, plânge iar de neputință.

Îmi bate inima cu putere, e atât de aproape de mintea mea. Coboară scara și se retrage lângă un stejar vechi de sute, mii, milioane de ani. Câte iubiri nu a văzut acel copac, prinse toate prin frunzele lui, prin ghinde, prin seva de idei primordiale. Iubirea e veche și ea, e puternică, are slăbiciunile ei, e uneori mai tare decât timpul, e alteori mai slabă decât vântul. Îl întreabă ce să facă. Niciun răspuns. El are toate răspunsurile, a văzut orice lucru, deține soluțiile. Dar e greu să-l convingi să-ți vorbească. Îl întreabă ce să facă. Îl întreabă ce să facă. Îl întreabă ce să facă. A adormit.

Noaptea, stejarul luminează în verde, prin orice crăpătură. Și frunzele lui, miliarde, emit lumină. O acoperă între crengi prietenoase și-i îngrijește toate rănile date de contactul cu turnul meu. Ce ușor respiră și cât de liniștit doarme. Îi lasă lângă piept cea mai bună ghindă a sa. Se trezește și e plină de energie. Vede micul fruct maroniu, cu volan și coadă; îl ia și pornește spre turn. Scoate o altă scară, are atâtea sprin sufletul ei bun. Pășește prin aer, ia ghinda și suspină – nu încape, deschizătura e atât de mică. O lovește cu pumnul. Se umple de furie, e atât de frustrant totul, fierbe. La furie, scara dispare și cade, ce lecție bună. Furia nu ne lasă să urcăm. Bucuria și liniștea, da. Respiră adânc, se calmează, își cântă ceva. Scoate o nouă scară, pas după pas pe treptele fine, ghinda e tot acolo. Cum să-i dea drumul în turn?

Coboară și merge la stejar. Îl întreabă ce să facă. Niciun răspuns. E iar obosită și adoarme. Copacul luminează în verde, își coboară câteva crengi, îi îngrijește pumnul și trupul. Îi lasă la piept o ghindă mică, atât de mică, abia o poate vedea cu ochii săi mari și albaștri. Are un vis: dacă turnul e gol? Se trezește în spaimă, observă fructul mic maroniu, fuge spre turn. Scoate o scară, pune pas după pas pe treptele ei, până în vârf. Ghinda veche nu mai e acolo. O ia pe cea nouă și-i dă drumul. Coboară și își lipește corpul de zid.

Am simțit ceva trecând prin aerul din juru-mi, apoi un zgomot firav pe pământul puțin de sub picioarele mele. Apoi, liniște. Nu pot să mă mișc, nu pot să respir, îmi pierd și gândurile. Plâng. O fi zi sau noapte afară? O fi primăvară, vară, toamnă sau iarnă? Ce an? Cum e să privești cerul? Dar să auzi un râu? Cum e să te plimbi prin iarbă? Dar să îmbrățișezi un copac? Cum e să stai sub ploaie? Dar să săruți pe cineva? Privesc spre picioare și observ o discretă lumină verzulie. Nu disting mai nimic prin întunericul ăsta. Ce e acolo? Sunt uimit. Să am răbdare.

Timpul trece. Jumătate din vreme nu văd nimic; jumătate văd o lumină ce parcă se apropie de mine și crește. Să am grijă să nu strivesc cu piciorul ce e acolo. Să am grijă. Timpul trece. Mă gândesc la fata cu ochi albaștri. Mi-o imaginez, îi construiesc fiecare gest, cum își mișcă buzele, cum întoarce capul, cum vorbește cu ea însăși. Crește ceva pe lângă mine! Am un fel de plantă în turn. Plâng cam la două zile, dacă mai știu ce e o zi. Cam așa cred. Jumătate din timp, sub lumina verde îmi pot vedea corpul. Îl văd și reîncep să-l iubesc. Tot atunci, câtiva lăstari mici mă îmbrățișează și mă vindecă. Apoi, nu mai văd nimic. Timpul trece.

Planta care crește pe lângă mine devine tot mai

puternică. Ramurile sale împing în turn în toate părțile. Zidurile scot sunete ciudate. Am obosit și mi-e teamă de noua compoziție gravă. Am închis ochii. O să-i țin așa, nu-i mai deschid deloc. Nu știu cât a mai trecut, dar am simțit un vânt ciudat. Am putut să-mi mișc altfel mâinile. Am putut să respir mai adânc. Am deschis pleoapele și era atât de multă lumină. Cerul albastru. Iarbă. Un râu aproape. Un copac în depărtare. Apoi ea. Dormea, culcată pe o parte.

Cele mai frumoase lupte sunt cele date pentru alți oameni. Există un complot universal între voință, gânduri, întâmplări aparent întâmplătoare. Orice turn poate cădea, sunt forțe mai mari decât cele inhibitoare. Natura își ajută orice extensie, stejarul vechi de sute, mii, milioane de ani, nu se satură să atingă pe oricine cu crengile sale fine. Iubirea, sub curiozitate și mister, poate lăsa o sămânță capabilă să crească în orice mediu, să elibereze pe oricine, să înflorească oriunde, să depășească apăsarea și tristețea. Universul are mersul lui. Omul are greșelile lui – se învelește în straturi și nu-și dă seama cum ridică ziduri care îl sufocă și-l țin în întuneric. Orice om se poate închide oricând într-un turn. Unii rămân acolo tot timpul. Alții, prin libertatea absolută a gândirii, pot genera lanțuri de întâmplări care să-i repună în stări de calm, curaj și dragoste de orice.

Dincolo de poziționarea într-un turn, n-aș vrea

să susțin că iubirea e o cale obligatorie spre echilibru. Singurătatea poate fi suficientă. E nevoie de un element extern pentru a reorganiza câteva elemente interne, dar în principiu reașezarea într-o oarecare armonie stă tot în sarcinile propriei persoane. Stimulul extern poate fi chiar interacțiunea genuină cu alte persoane veritabile, ce trăiesc în calm și produc bine la tot pasul. Sau cu oameni aflați în suferință, a căror stare mult mai rea decât a ta te face să privești puțin în jos și să realizezi că tu nu stai chiar atât de rău, că e cazul să te bucuri de ce ai, că raiul nu e o proiecție, ci chiar o înșiruire de lucruri care se află împrejurul tău. Îți ia ceva timp ca să realizezi asta. Ceva mai mult. Chintesența poveștii cu turnul este raportarea la întuneric, izolare și tristețe, apoi evadarea spre lumină, iubire, bucurie.

Dragă inimă,

Eram la un curs și le povesteam unor copii despre tine și viață. Din senin, unul ridică mâna. Întrerup expunerea și-l rog să spună ce dorește. Mă întreabă dacă știu ce este raiul.

Trebuia să rotesc discursul la o sută optzeci de grade, chiar dacă, în realitate, rotația era la trei sute șaizeci. Pentru că i-am răspuns: e tot ce se găsește în jurul nostru.

Mi-a fost greu să-mi reiau ideile. Din clipa aceea specială, le-am vorbit cu totul altfel. Și ei au înțeles și mai bine ce le-am zis.

Știu că nu ai uitat, dar simt nevoia să-ți aduc aminte ce-am făcut după întâlnirea cu cei mici.

Cu drag,
V.

26

Mi-ai spus că, într-o zi oarecare, ți-a dat prin minte să faci o mare grozăvie. Ai scos o scară bună din tine, ai potrivit-o cum ai știut tu mai bine și te-ai apucat să urci pe ea. Să vezi raiul, mi-ai spus. Te-am crezut pe cuvânt, dar eu cu greu am putut să mai dorm în noaptea aceea. Mi-am pus o sumedenie de întrebări și chiar le-am notat pe un carnețel. Apoi am închis ochii.

e frumos? e liniște? e soare?
poate ploua?
cântă uneori cineva la pian?
în rai se mai doarme?
trebuie să mai respiri din când în când?
în rai trebuie să pui piciorul pe pământ când calci?
te poți plânge de ceva? sau poți plânge?
fericirea e la îndemâna oricui?
mai există spațiu și timp? au oamenii amintiri?
mai păstrăm și regrete în noi?
mai rămânem noi?
îți poate fi teamă de ceva?
poți continua să îndrăgești viața? îți mai e dor de cineva?
poți sta cu puloverul portocaliu pe umeri?
încă iubești o persoană? poți zbura cumva?

Dimineața m-am trezit și-am găsit carnetul deschis. Ce uimire, era plin de răspunsuri.

e frumos. e liniște. e soare.
poate ploua.
cântă uneori cineva la pian.
în rai se mai doarme.
trebuie să mai respiri din când în când.
în rai trebuie să pui piciorul pe pământ când calci.
te poți plânge de ceva. sau poți plânge.
fericirea e la îndemâna oricui.
mai există spațiu și timp. au oamenii amintiri.
mai păstrăm și regrete în noi. mai rămânem noi.
îți poate fi teamă de ceva.
poți continua să îndrăgești viața. îți mai e dor de cineva.
poți sta cu puloverul portocaliu pe umeri.
încă iubești o persoană. poți zbura cumva.

Te-am întrebat apoi cum de ai găsit toate răspunsurile. Mi-ai spus că scara ta nu era una prea mare, avea așa, cam o jumătate de metru. Te-ai suit pe ea și de acolo ai privit tot raiul: camera cu patul răvășit și-n el pe mine, respirând, din când în când, cu temeri, cu dor, cu amintiri, cu iubire. Era liniște, mi-ai spus. Apoi ai sărit de pe scară în pat. Sau ai zburat, cumva, pe umeri cu puloverul meu portocaliu.

27

“Nu avem dreptul de a consuma fericire fără a o produce” spunea George Bernard Shaw, dramaturg care ne-a lăsat, printre altele, și “Casa inimilor sfărâmate”. Iubirea, cu toate extensiile sale (romantism, plăcere, erotism, atașament), a interesat omul încă din cele mai vechi timpuri, iar explicațiile găsite au satisfăcut doar parțial masele.

Încă nu știm pe deplin ce este iubirea, chiar dacă trăim în plin avânt tehnologic (ne permitem să scanăm creierul), medical (putem studia substanțele produse în corp), filozofic (dezbatem domeniul intens, în tot felul de curente) și spiritual (orice religie cultivă iubirea). Am ajuns la explicații decente în anumite segmente, dar încă e loc de îmbunătățiri. Poate nici nu trebuie să ajungem la o explicație deplină, păstrând un mister care conferă farmec acestei sfere ce înglobează fizicul și metafizicul.

Iubirea dintre oameni a fost studiată intens de către medici. Richard Schwartz și Jacqueline Olds, ambii profesori doctori și asociați ai Harvard Medical School, au făcut cercetări remarcabile în domeniu. Jacqueline este chiar fiica lui James Olds, care împreună cu Peter Milner au descoperit centrul plăcerii din creier și mecanismul de recompensă, ce include arii specifice și substanțe speciale, între care dopamina joacă cel mai important rol. Acest mecanism este crucial în iubire, după cum vom vedea în scurt timp.

Richard și Jacqueline au supus oameni diverși unei explorări numite RMN funcțional, care arată ce arii din creier se activează la realizarea unor activități sau la concentrarea pe anumite gânduri. Subiecții studiului au primit poze cu persoanele iubite sau alte poze care reprezentau diferite lucruri, observându-se ce segmente din creier se "aprind". Au văzut că la cei ce-și priveau persoanele iubite, se activează zone vechi din creier, printre care amigdala, porțiunea tegmentală a ventriculilor, hipocampul, cortexul prefrontal, toate implicate în mecanismul recompensei. Toate aceste zone se activează intens în timpul sexului, consumului de mâncare, folosirii de droguri, al activităților generatoare de plăcere. Substanța principală eliberată este dopamina, neurohormon al plăcerii.

Când ne îndrăgostim, iubirea romantică înseamnă fenomene generate de un galop de substanțe. Dopamina poate da tahicardie (frecvență crescută a bătăilor inimii, peste 90 bpm), transpirații, roșeață în obraji, anxietate, senzații de pasiune, agitație. La aceste fenomene concură cortizolul, substanță numită de stress. Cortizolul poate seca rezervele de serotonină, hormon neurotransmițător important, care la niveluri scăzute este corelat cu gânduri în exces, teamă, comportament obsesiv-compulsiv, toate prezente din plin în prima etapă a unei relații de iubire, când există incertitudini, angoase, galopări de inimă, cocktail-uri de emoții și trăiri. Pentru că îndrăgostirea activează puternic sistemul de recompensă și implicit eliberarea dopaminei, iubirea este oarecum echivalentă uzului de droguri de tip cocaină sau consumului de alcool. Un studiu interesant pe musculițele de fructe (Drosophila melanogaster) a arătat că masculii care erau respinși de partenere consumau alcool de patru ori mai mult față de cei care reușiseră să se împerecheze (femelele sunt destul de pretențioase). În altă ordine de idei, masculii cu eșec în iubire încercau să activeze acel mecanism de recompensă prin alte căi. Extrapolând, vedem mereu în jurul nostru oameni nefericiți și singuri care ajung mari consumatori de alcool, droguri, alimente, tocmai pentru a întreține acel mecanism primordial. Ratele de consum și dependență de substanțe ale plăcerii sunt mult mai mici la cei care au parteneri de viață și trăiesc în iubire. O altă substanță importantă în iubire este oxitocina, care se eliberează în timpul actului sexual sau în contextul atingerilor piele pe piele, întreținând sentimente de atașament, apartenență, căldură, calm, siguranță. Apoi poate interveni vasopresina, hormon care sudează relațiile și promovează monogamia Pattern-urile dopaminei, cortizolului, serotoninei, oxitocinei, vasopresinei pot explica evoluția iubirii, care la început înseamnă foc și pasiunc, apoi calm și atașament, ajungând la siguranță și perspectivă confortabilă pe termen lung.

Există două circuite neuronale interesante care sunt răspunzătoare de emoțiile pozitive, respectiv negative, când e vorba de judecata altor oameni. Unul conectează cortexul prefrontal cu nucleul accumbens și dictează emoțiile pozitive. Al doilea conectează nucleul accumbens cu amigdala (formațiune distinctă, ovalară, a creierului arhaic) și dictează emoțiile negative. Când iubim, aceste căi sunt oprite și nu putem judeca rațional ceilalți oameni, mai ales persoana iubită. Avem astfel justificarea neurologică a expresiei "dragostea e oarbă". Când nu mai iubim o persoană, ne putem trezi în fața unei noeme, cu gânduri de genul "oare ce am văzut eu la ea?" tocmai pentru că mecanismele emoțiilor, odată reactivate, ne permit să observăm lucruri pe care în trecut le ignoram.

Dragostea durează trei ani. Știm această expresie și, chiar dacă mai știm că nivelurile de cortizol și serotonină se normalizează după un an sau doi, ducând iubirea de la pasiune la compasiune și apoi transformând-o ani la rândul în alte sentimente derivate, dar tot în câmpul iubirii, avem nevoie de un contraargument mai puternic. Fisher a mai făcut un studiu: a analizat RMN-ul funcțional al cuplurilor care erau de peste 20 de ani împreună și le-a comparat cu unele de proaspăt îndrăgostiți. Toți susțineau că se iubesc foarte mult, dar lucrurile erau cumva discrepante, mergând pe ideea că după două decade de relație, iubirea nu mai poate exista. La explorările funcționale, aceleași arii cerebrale se activau sub valuri de dopamină la ambele categorii de cupluri. Segmentele răspunzătoare de mecanismele recompensei se "aprindeau" la fel.

Etapele nu sunt cimentate și se pot rearanja oricând. Nivelurile de oxitocină cresc în activitatea sexuală și astfel cuplurile în care domină rutina pot reveni la stări pasionale. Cu intervenții active, lucrurile se pot reaprinde în orice cuplu. Iubirea se transformă tot timpul.

28

În creierul uman, informația ajunge pe căi electrochimice și se stochează în neuroni, producând memoria. În fiecare zi, toate ideile se rearanjează și pot chiar trece din neuron în neuron; altele noi își fac loc și, cu fiecare secundă în plus, devenim altă persoană. Eu sunt memoria mea și nu exist dincolo de ea. Merg înainte, uneori având acces rapid la detalii din trecut, alteori cu blocaje aparent inexplicabile. Uneori trag de timpurile vechi spre păturile conștientului și realizez că trecutul nu e unul fix, ci suferă mereu schimbări - pot fi plantate adaosuri ce par perfect reale și cu toate acestea nu s-au întâmplat niciodată. Creierul e un maestru al manipulării prezentului, trecutului și viitorului. Șlefuiește trecutul după bunul plac; ce ne aducem noi aminte e altceva decât cele trăite cu adevărat. Șlefuiește prezentul, făcând mereu comparații, selecționând anumite informații la nivel subconștient, discriminând grosolan unele date. Șlefuiește viitorul, pentru că nu de puține ori apucăm să trăim întâmplări care au legătură cu altele, în așa-numita sincronicitate. Sunt oameni care cred că mintea umană poate construi tot ce ne înconjoară, putând concretiza viitorul. Sunt alții, destul de mulți, care susțin că totul e o simulare.

Suntem ancorați cu toate simțurile într-un prezent continuu și ce procesăm devine memorie, automat trecut, iar ce ne vine din față pe o bandă rulantă, incert și cu o grămadă de posibilități, își va găsi locul în același prezent, apoi în aceeași memorie. Ne transformăm perpetuu. Când căutăm prin hăul din noi, găsim memoria. Copilăria, o întâlnire, o atingere, o îmbrățișare, o poezie, o poveste, toate sunt acolo și ne definesc. Fără aceste date stocate în noi suntem nuli, lipsiți de personalitate și implicit de puterea de a ne dezvolta, pentru că ce ne face să evoluăm e tocmai dobândirea neuronală, restructurarea memoriei întregi sub stimuli diverși.

Ne purtăm viața după noi și acel drum pe care-l construim sub tălpi fără oprire poate fi văzut și din această perspectivă a memoriei, care tot cărămidă cu cărămidă se realizează, într-o procesare mare consumatoare de energie. Ar trebui să fim recunoscători acestui proces sublim, pentru că fără el n-am fi capabili de versiuni mai bune care să ne uimească până și pe noi, n-am putea face introspecții, n-am fi în stare de melancolii, reflexii, meditații, n-am putea scrie, n-am putea vorbi. Cel mai important, n-am putea visa, acel mecanism de debridare neuronală încă plin de mistic și mister.

Ce-am strâns în memoria noastră ne reprezintă. Până la final, dacă trăim preponderent pentru noi, cu o implicare minimală în viețile celorlalți, vom avea o rolă de film poate satisfăcătoare pentru propriul ego. Dacă avem și o implicare genuină în viețile celorlalți, indiferent de etățile lor, vom modifica și memoria acestora, dar o vom influența enorm mai ales pe a noastră, devenind versiuni generatoare de uimire, calm, iubire, atribute pe care le vom ține în noi și le vom exterioriza frecvent, în acte creative, mobilizatoare, chiar salutare. Interacțiunile între oameni nasc povești, cele mai frumoase memorii. Medicul e aici, dacă poate și știe, un fericit. El culege informații dincolo de anamnezele reci, de boli, de suferințe. El vede transformări remarcabile, când bolile se ridică precum o copertină prăfuită și dezvăluie un pian impecabil; când îl atingi numai și cu o vorbă frumoasă, pianul ăsta începe a cânta. Memoria unui medic, aflat lângă oameni în clipe ce-i fac să se dezvelească de orice înveliș superficial, se schimbă și câștigă informații veritabile din registre profunde ale vieții. În spital predomină viața, nu moartea. Morți sunt câteva, restul sunt oameni care ies pe picioarele lor, cu boli vindecate sau atenuate, întorcându-se într-o curte liniștită plină de flori, la munte. Acolo respiră aerul curat, se bucură de soare și petale, mai ales de familie, își aduc aminte de medicul care le-a stat alături zece ore într-o gardă. Timpul zboară, un umăr pe care a stat cureaua genții de poștaș doare, apoi altă durere apare în zona inferioară a abdomenului, hai că poate trece, nu mai trece, devine tot mai apăsătoare, fuga la același spital, printre medici, e nevoie de operație, inima se oprește. Totul e viață derulată între două bucăți de întuneric. Mai târziu, un medic care s-a ocupat puțin de acea inimă șubredă apelează la o memorie schimbată, scoate de acolo niște bucăți de poveste, le transformă în cuvinte, idei. Apoi ele trec lin în memoria celui ce lecturează, așezându-se cuminți printre alte cărămizi neuronale. Și toate astea aduc schimbări, chiar dacă de multe ori nici nu ne dăm seama.

29

Oare ce e în mintea unui medic? Haos sau liniște deplină?

Suntem plini de suferința pe care o vedem la tot pasul. Păstrăm undeva toți oamenii pe care i-am pierdut și ne mai gândim, din când în când, dacă se mai putea face ceva pentru vreunul dintre ei. Ne știm începuturile, când ne era atât de greu, muncind și învățând pentru a ne obișnui cu mediul spitalului, cu intervențiile prompte de la camera de gardă, cu resuscitările din miez de noapte, cu interacțiunile diverse cu toate tipologiile de oameni.

Pe mulți dintre colegi, medicina i-a răvășit. Sindromul burnout i-a dus în depresii adânci, pentru că au lucrat până la epuizare, au primit multe dezamăgiri, nu au fost apreciați la valoarea lor, au fost poftiți afară din spital. Pe mulți, medicina i-a pus direct pe pastile. Pe unii i-a omorât.

În mintea unui medic stau toate mecanismele de funcționare ale organelor, iar când știi în detaliu despre ele, parcă ești mai conștient despre cât de ușor se pot face niște boli. Când nu dormi în gardă, când tragi de toate substanțele ca să mai ai energie, când cazi într-o uzură psihică teribilă, când acasă nu mai există multe lucruri care să aducă o contrapondere, ești sugestibil la tot felul de boli și evenimente, de la diabet până la infarct miocardic sau AVC. Chiar și cancer.

În mintea unui medic stau toate poveștile cu pacienții. Ni le aducem aminte uneori cu drag, alteori cu tristețe. Timpul zboară în voia lui, oamenii dispar, chiar și cei pentru care am dus cândva lupte uriașe. Când un pacient se simte bine și ne vizitează la spital doar pentru a ne mulțumi și a ne strânge mâna, în noi se aprind multe sentimente și ne dăm seama că, dincolo de orice neajuns, avem cea mai frumoasă meserie din lume.

Cred că momentele de liniște deplină sunt puține. Poate să le simțim seara, când pătrundem pe vârfuri în inima unui salon și vedem că toți pacienții sunt bine. Poate să le percepem când ne bucurăm că-i învățăm pe cei mici despre cum funcționează corpul și ce să facă în situații de urgență. Poate să le trăim când, după ani și ani, revedem un pacient drag care a venit într-o gardă doar pentru a ne strânge mâna. Poate să le concepem când terminăm o tură de foc și, în drumul spre casă, străbatem un parc și ne minunăm de toate lucrurile simple din jurul nostru. Poate să le simțim când învingem moartea.

În rest, haos. Cheia pentru o viață fericită este să fim în armonie cu noi înșine, dar în medicină sunt prea multe lucruri de compensat. Mergem înainte așa, pentru că, dincolo de orice neajuns, știm că avem cea mai frumoasă meserie din lume.

30

Doamna A. fusese profesoară de limba și literatura română, făcându-mă, la fiecare replică, să mă gândesc de zece ori la ce urmează să spun, pentru a nu comite vreo greșeală. Venise în urgență, în camera de gardă, foarte speriată; era o mână de om. Inima îi începuse să bată foarte repede, dându-i o stare de anxietate marcată. Când am văzut-o prima oară, nu aveam de unde să știu că o expresie de-ale dumneaei îmi va rămâne atât de adânc înfiptă în memorie.

– Puneți mâna aici, să simțiți cum bate.

– Bate repede și regulat. E flutter atrial, o tulburare de ritm.

– E grav?

– Nu neapărat, dar trebuie să stați câteva zile în spital.

Am urcat-o în salon, după ce i-am recoltat analizele, i-am făcut o radiografie pulmonară și i-am repetat un traseu EKG. Avea o pungă de plastic și o geantă neagră, cu lucruri luate pe fugă de acasă, până să vină ambulanța. A vrut să stea în al doilea pat și i-am oferit timp să se acomodeze, apoi am cuplat-o la monitorul de funcții vitale. Încercările de a converti tulburarea de ritm au fost în zadar. În flutterul atrial, există un circuit prin care impulsul electric reintră în atrii și le face să bată cu frecvențe înalte, în jur de 200 - 300 contracții pe minut. Ventriculii sunt protejați de nodul atrioventricular, care face un bloc fix, cel mai des în raport 2 la 1, astfel că dacă atriile bat de trei sute de ori pe minut, ventriculii vor bate de 150 de ori. În multe zone din atrii și din extensiile lor sângele stagnează, existând riscul de a se forma cheaguri, ce pot apoi migra în circulația generală sau în plămâni - pentru asta se face un tratament anticoagulant, care subțiază sângele. Pentru a coborî frecvența ventriculară, se administrează anumite substanțe; pacienții pot sta mult timp în flutter, dacă sunt protejați de trombembolii sau de frecvențele prea înalte. De regulă, flutterul evoluează spre sora acestuia, fibrilația atrială, unde lucrurile sunt asemănătoare ca atitudine, diferența fiind că atriile devin ca aripile de colibri, depășind lejer patru sute de contracții firave pe minut.

– Pot să vă rog și eu ceva?

– Sigur, spuneți-mi numai.

– Îmi lăsați și mie numărul dumneavoastră de telefon în carnetul meu?

Doamna A. avea un carnet care stătea pe noptieră, prin pat, pe piept, în buzunarul hainei de pijama. Apela la el destul de des, notându-și fel de fel de lucruri. Am ținut-o două săptămâni, în care am setat flutterul la o conducere patru la unu, ștergând orice disconfort subiectiv. În ziua externării, m-am pus pe pat și doamna A. m-a rugat să-i așez iar mâna pe piept. Mă speriasem, crezând că are din nou frecvența înaltă și resimte palpitații. Nici vorbă. Mi-a amintit de povestea lui Exupery, spunându-mi că lucrurile cu adevărat frumoase stau prin noi și sunt ascunse vederii. Am desfăcut carnetul și, încercând să dau la o filă nouă pentru a scrie acolo numele meu și numărul de telefon, am văzut inscripționat: *Trăiește totul cu uimire.*

31

Doamna P. avea stimulatorul cardiac implantat sub piele, deasupra claviculei stângi. Sondele de stimulare erau înșurubate în cavitățile drepte, interconectate de un fir care cobora prin tricuspidă și obstrucționa una dintre cele trei foițe valvulare, generând o închidere defectuoasă și o regurgitare semnificativă a sângelui din ventricul înapoi în atriul drept. Stătea ghemuită, cu genunchii la piept, răsturnată pe partea dreaptă. Avea 92 de ani.

– Vreau să mănânc niște mititei, mi-e poftă!

– Fără mititei, că au sare multă și ați venit în edem pulmonar.

– Să-mi aducă cineva mititei mai repede!

Când am intrat spre seară în salon, m-a izbit un miros puternic. Doamna P. era în șezut, la marginea patului. O infirmieră îi ținea o farfurie de plastic și-i dădea mititei, cu pâine, cu muștar, cu tot ce trebuie.

– Ce am zis eu?

– Nu mai țin minte. Cine ești tu?

– Sunt doctorul dumneavoastră.

– Cine?

– Doctorul.

– Cel tânăr?
– Da.
– Vrei să fiu soția ta?

Au urmat încă trei cereri în căsătorie. I-am povestit fiicei doamnei P., care era medic în spital. Voiam să aranjăm toate aspectele, să primim binecuvântarea. Entuziasmul mi-a fost tăiat rapid când mi-a spus că i-a lăsat deja toată averea; eram decis să o iau și așa. În zilele următoare, pacienta trecută de nouă secole a suportat niște proceduri chinuitoare: părul i-a fost pus pe bigudiuri, unghiile i-au fost făcute cu ojă, atât la mâini, cât și la picioare. Cred că se pregătea de nuntă.

Într-o gardă, m-am speriat. Nu era în salon. Am întrebat asistenta principală și mi-a spus că au plecat la plimbare, în spatele spitalului. Am coborât etajele, ieșind într-o suflare. Doamna P. avea o căciulă pe cap, două șuvițe de păr evadând, fluturând în vânt. Stătea bine prinsă de mânerele scaunului cu rotile, acoperită cu o pătură. Cerea viteză. Să fie împinsă de infirmieră prin toată curtea. Când le-am interceptat, infirmiera abia mai respira.

32

Domnul N. venise în gardă cu frumoasa lui soție, speriați amândoi. Făcuse fibrilație atrială, având disconfort toracic intens, amețeli, respirație greoaie. L-am pus în patul patru, unde aveam să-i potolim fibrilația cu amiodaronă. N-a durat nici jumătate de zi, că inima și-a intrat în parametri normali și a început să-l anime pe domnul N. să fie așa cum este cu adevărat, departe de transformările impuse de boală.

– Domnule doctor, veniți puțin aici.

– S-a întâmplat ceva?

– Vreau să luați acest afiș. Sunt eu acolo.

Mi-a înmânat un articol dintr-un ziar vechi, care vorbea despre parașutism, cascadorii aviatice, recorduri. Domnul N. fusese primul român care stătuse fixat pe un avion, în plin zbor, la o anumită viteză; articolul avea și poză - purta niște pantaloni scurți din piele și ținea mâinile ridicate, formând un mare X. Inima lui era cândva dependentă de aventuri prin aer, dar avea și o mică frână, în persoana soției sale, alături de care trăise mai bine de jumătate de secol. Se sărutau de fiecare dată când se vedeau, la vizitele zilnice.

Avea un calm în fiecare gest și vorbă, ca un contrabalans al vieții sale anterioare agitate. Se trezea devreme și se uita pe fereastră, apoi la fiecare coleg din paturile vecine. Când cineva deschidea o fereastră și era și ușa deschisă, curenții de aer formați îi dădeau suspine și-l făceau să deschidă larg ochii. Parcă avea undeva pantalonii și ochelarii rotunzi pregătiți, gata să se echipeze și să urce pe aripa de sus a biplanului, pentru o nouă cascadorie.

33

Domnul I. avea o formă severă de insuficiență cardiacă și prezenta așa-numita anasarcă, adică lichid în abdomen, torace, pericard. Picioarele îi erau umflate și, pentru a păstra șosetele pe ele, le tăia partea elastică. Avea șosete de toate culorile, cu fel de fel de modele și țesături. Domnul I. își făcuse două tatuaje, unul cu o sirenă pe antebrațul drept și unul cu un fluture pe piept, în zona cordului. Tatuajele semnifică ceva pentru omul care și le acomodează pe corp, așa că n-am ezitat să-l întreb despre simbolistică.

– Ce reprezintă aceste tatuaje?

– Aici am vrut s-o fac pe nevastă-mea, cu corp de sirenă. Nu seamănă deloc.

– Și fluturele?

– Pe ăsta mi l-au făcut colegii, eram beat, m-am trezit cu el acolo.

Cum ziceam, fiecare tatuaj are povestea lui fascinantă. Am încercat, cu ajutorul diureticelor, să scoatem lichidul în exces din corpul lui edemațiat. Cu ajutorul unor ace, i-am extras și apa din plămâni, respectiv abdomen. În câteva zile, ajunsese să fie într-o stare mult mai bună;

picioarele i se dezumflaseră și acum deschisesem o nouă filă - șosetele migratoare.

Soția venea la două zile și se certau din lucruri mărunte. Ea tot venea și de multe ori plângea, pentru că îl iubea. Mi-a zis că a fost un om foarte bun, dar de când s-a îmbolnăvit, s-a schimbat. Îi tot aducea perechi noi de șosete, pentru că cele deja avute dispăreau absolut misterios într-un univers paralel. Rămâneau la etajele superioare, prin lift, în amfiteatrul de la parter, pe pervazul salonului de cardiologie. Unele i se întorceau ca un câine abandonat care, dus la kilometri de casă, găsește până la urmă drumul cel bun și apare, într-o seară de aprilie, când ultimele raze portocalii se pierd printre copaci.

34

Doamna M. avea părul creț și alb. Era foarte îngrijită, chiar boemă, cu un trai de aproape jumătate de secol derulat undeva prin nordul Franței. Astmatică, își aducea mereu la spital un nebulizator, în care turna lichide, îl pornea, punea o mască pe față și aștepta să se întâmple minuni. În fiecare iarnă, aveam un sentiment - mă gândeam la doamna M. și apoi, curios lucru, o găseam internată. Ajunsesem chiar să mă învinovățesc pentru asta, crezând că o îmbolnăveau gândurile mele. Aveam să pricep că-n viață, ne gândim uneori la niște oameni pentru că, pe undeva, lucrurile converg spre o întâlnire.

Am găsit-o cuminte, cu aparatul pus pe noptiera din stânga patului. Dormea cu o mână pe piept, în dreptul inimii; cealaltă îi era picată și atârna spre podea. De data aceasta, avea o mare inflamație în corp, în plămâni - o pneumonie severă care îi afectase jumătate din lobul drept, cu lichid parapneumonic în aceeași bază. După câteva zile de antibiotice, părea că evoluează favorabil.

Într-o seară, m-a împins un neuron să o întreb: "Qu'est-ce qui se passe?". Ce a urmat mă macină încă. A început să îndruge cuvinte străine mie, am tot dat din cap, am apelat la clasicul "ah oui oui oui..." m-am fâstâcit și m-am înroșit. Moment în care intervine o pacientă din alt salon, profesoară de limbi străine, în vizită la doamna pe care o știa din timpul altei internări. Încep doamnele o conversație complicată și eu găsesc oportună evadarea. Fuga mi-a fost veritabil franțuzească, garantez.

35

Domnul V. avea universul tot în cap. Descris de autori mai vechi sau noi, el stătea acolo, comprimat în proză sau versuri. Își găsea uneori o crăpătură - oamenii buni au crăpături prin care ies unele lucruri - și evada, sub forma unor reprezentații ad-hoc, în cele mai dificile locuri. Era actor.

– A fi sau a nu fi? Aceasta-i întrebarea.
– A fi, dar nu oricum.
– A fi sănătos, cred că asta e cel mai important acum.
– A nu fi bolnav, cred că o putem formula și așa.
– Vă aștept la o piesă. Aș vrea să stați în primul rând.
– Voi fi acolo.

Cu o insuficiență cardiacă avansată, cu valvele îngroșate și sclerozate, cu fibrilație atrială permanentă, domnul V. era puțin mai bine decât domnul I., dar devenea tot mai dificil pentru orice medic să-l reechilibreze. Când am reușit minunea, a început să se mobilizeze prin salon și pe holuri, ba chiar să recite din Shakespeare, fiind aplaudat de toți cei care îl ascultaseră.

Înainte de externare, a venit la biroul din salon și mi-a înmânat o carte de vizită, să vin cândva la teatru, la un spectacol. Să stau în primul rând, ca să mă vadă. Nu mai juca în piese pentru adulți, ci doar în unele pentru copii, că așa a simțit, după o vârstă. Cumva, m-a încântat asta. Într-o pauză, printre cazurile dificile, am stat jucăuș la birou și-am făcut din cartea de vizită un avion pe care nu l-am aruncat, ci l-am pus în vestiar, pentru vremuri viitoare și probabile. N-am apucat niciodată să-l vizitez la teatru, în mediul său natural. Și pe undeva, mi-a părut tare rău pentru asta.

Dragă inimă,

Îți voi aduce acum aminte acea seară în care am pășit împreună în salonul de cardiologie, când o singură lampă era aprinsă. Ne-am oprit în mijloc, am respirat adânc și calmul a pus stăpânire pe noi. Aveam în jur pacienți în care se duceau lupte teribile, dar cumva erau liniștiți în acele clipe, ca o suspendare a realității. Se întorseseră cu toții la poziții copilărești, la vremuri fără multe suferințe. I-am privit atunci și noi am învățat atâtea.

Trebuie să recunoști: cele mai frumoase lecții le-am primit în spital. Calmul tot aici l-am învățat, chiar dacă mediul pare agitat încontinuu. În seara aceea, nu era deloc. Era o bucată de liniște ruptă și scoasă cumva în afara timpului mare.

Cu drag,
V.

36

Eram încă rezident și lucram în inima clădirii, într-un salon de terapie coronariană de la etajul trei al spitalului. Mă trezesc cu greu și-mi port capul amețit până în bucătăria mică, punând ibricul cu apă la fiert pe aragazul cu trei ochiuri. Geamul e crăpat și simt miros de tei. Las ibricul pe foc și trec alene spre baie, unde mă spăl și-mi admir fața obosită în oglinda crăpată. Sunt în plină perioadă depresivă, chiar dacă vremea e frumoasă, cu pacienții mă descurc binișor, cu ceilalți relaționez în parametri absolut normali. Îmi beau cafeaua, mănânc un senviș și un pachet de biscuiți pe fugă, mă îmbrac și ies printre blocuri, pentru a ajunge la stația de tramvai. E o înghesuială teribilă și suport îmbrățișări nesolicitate, venite din partea unor persoane de diferite gabarite. Străbat bulevardul pe partea cu Cimitirul Evreiesc și mă gândesc la *Lista lui Schindler*, film pe care tocmai îl revăzusem într-una dintre serile trecute. Continui drumul pe trotuar, intru în spital, salut paznicul, mă duc la vestiar, mă schimb cu gesturi automate, trăgând pe mine halatul alb, aranjând stetoscopul și cele patru pixuri din buzunarul de la piept, cum îi stă bine oricărui medic.

La etajul trei, pe partea din spate a clădirii, e secția

mare de terapie intensivă. În fața ușii de acolo așteaptă vești oameni care au rude operate, cu boli grave, cu decompensări severe, cu felurite insuficiențe de organ. Trec prin zona respectivă și privesc acei oameni în ochi, citindu-le suferința, speranța sau neputința. Intru în holul mare și, la câțiva metri, deschid ușa care duce în salonul special de cardiologie. Sunt șapte paturi înăuntru, fiecare dotat cu monitor de funcții vitale, oxigenator, aspirator, lampă și tot ce mai trebuie pentru îngrijirea bolnavilor cu inima în piuneze, indiferent de sex sau vârstă, condiția fiind să aibă peste optsprezece ani și sub trei sute patruzeci și șapte (am visat cândva un pacient care avea vârsta asta și de atunci îl consider cel mai în etate). Trei paturi sunt dispuse pe stânga și patru pe dreapta, între ele stând un birou rablagit, unde ne scriem condicile, verificăm foile de observație, căutăm diverse formulare prin sertare (și nu le găsim), trecem medicații și uneori mai cădem de pe scaunele și ele rablagite. În acest salon se duce o perpetuă luptă cu entropia.

Patul 1. E gol, el fiind destinat efectuării de ecografie cardiacă. Aici poposesc pacienții noi sau cei care vin pentru consulturi din alte secții. Am norocul să lucrez cu un medic primar cardiolog care, dincolo de informație și experiență, deține intuiție și abordează iecare caz cu delicatețe. Nu intervine cu scheme brutale, echilibrează orice decompensare și-l admir în fiecare secundă. Reușește să scoată pe acea ușă cazuri care păreau pierdute, toate trecând prin acel prim pat, în care se face ecocardiografie, explorare crucială pentru bolnavii de inimă.

Patul 2. Doamna A. are 88 de ani și ține un fel de jurnal într-un carnet pe care-l lasă pe noptieră. S-a internat cu flutter atrial, o tulburare de ritm ce trebuie fie convertită la ritmul fiziologic al inimii, fie ținută sub control (anticoagulant pentru profilaxia trombemboliei, respectiv un agent care optimizează frecvența cardiacă pentru a evita răspunsul ventricular rapid). Are părul strâns în coadă, este normoponderală, ochii mici și căprui conferă calm, vocea blândă începe mereu cu un "Vă rog să mă scuzați." Doamna A. a fost profesoară de română, titulatură care îmi dă emoții și mă face să procesez de cinci ori fiecare construcție înainte de a o scoate pe gură. E nespus de cuminte, chiar dacă starea nu-i e tocmai grozavă. Citește mult și-și notează fel de fel de lucruri în carnețel.

Patul 3. La 91 de ani, doamna P. admiră cerul prin fereastră și cere să fie plimbată cu căruțul prin curtea din spate a spitalului. A venit în edem pulmonar acut, având insuficiențe valvulare multiple. Frapează cea tricuspidiană, augmentată de trecerea firului sondei de stimulare, care limitează mobilitatea unei cuspe. Pacemaker-ul stă implantat sub piele, deasupra claviculei stângi, el preluând funcția de generare a impulsurilor care stimulează bătăile inimii. Doamna P. este acum echilibrată, respiră mai bine, stă în pat ca în pântecele mamei și are unghiile – de la mâini și de la picioare – făcute cu ojă roșie. În urmă cu câteva zile, m-a cerut în căsătorie.

Patul 4. Soția îi era foarte speriată când l-a adus în spital, de urgență, acuzând palpitații rapide neregulate și respirație greoaie. La 76 de ani, domnul N. făcuse fibrilație atrială, soră cu flutterul amintit mai sus. Nu avusese mare lucru până atunci. Partenera dumnealui de viață – erau împreună de peste jumătate de veac – era durdulie, sănătoasă și posesoarea unor ochi de un albastru superb. Îl certa pentru nimicuri, într-un stil adolescentin. După conversia chimică din fibrilație în ritm sinusal, domnul N. m-a tras aproape și mi-a înmânat un poster vechi, alb negru. În acel poster, un bărbat chipeș, îmbrăcat în pantaloni scurți din piele, stătea în picioare pe un biplan, în plin zbor. Fusese primul care zburase așa la o anumită viteză, pe la mijlocul anilor '60.

Patul 5. De regulă stătea în ultimul pat, dar la internare acesta fusese ocupat de altcineva. Domnul I. are, la doar 62 de ani, ultima fază de insuficiență cardiacă. Inima lui s-a dilatat și trimite în circulația sistemică undeva la 17% din sângele intrat în ventriculul stâng. Este edemațiat, respiră greoi, are angină pectorală, tușește des și chipul îi stă suspendat între tristețe și neputință. Cu toate acestea, face glume la tot pasul. A propos de pas, șosetele acestuia dispar într-un fel misterios. Le ține tăiate în zona cu elastic, tocmai pentru a nu-i presa gleznele, îngreunând circulația sângelui; datele acestea par perfecte pentru dispariții subite. Te uiți spre el și-l vezi cu o singură șosetă pe piciorul stâng. Faci o ecografie, îl privești apoi și nu mai are nicio șosetă. Întocmești o foaie de observație și-l analizezi iar, văzând că doarme cu o sosetă neagră pe piciorul drept și una albă pe burtă.

Patul 6. Aici stă doamna M., care a trăit vreo patruzeci de ani în nordul Franței. Își aduce mereu un nebulizator și, când îi dă drumul, zdruncină tot spitalul. Aparatul acela vibrează și scoate un zgomot insuportabil, dar doamna M. îl folosește cu stoicism la fiecare internare. Primește vizite constante din partea unei prietene care are un defect facial semnificativ, nasul fiind deviat spre stânga, ochiul drept coborât, buza superioară întoarsă și prinsă ciudat direct de baza nasului. Din pricina acestor defecte, povestește doamna cu trecut franțuzesc, prietena ei nu a fost cu niciun bărbat și, mai mult, nu a angajat-o nimeni, nicăieri, chiar dacă putea să muncească. Lumea în care trăim e anapoda, mai spune doamna. Apoi se ridică în șezut și pornește drujba. Pardon, nebulizatorul.

Patul 7. Domnul V. este director de teatru. Ne-a împărțit tuturor cărți de vizită și ne-a invitat la diferite reprezentații. Teatrul e mai greu acum. Toată lumea consideră că nu mai avem actori, dar sunt, vin tineri buni, doar vremurile s-au schimbat și aplecarea oamenilor e un pic alta. Domnul V. e plin de povești și ne explică despre Shakespeare, Ibsen sau Moliere. Boala, când își face de cap, îi știrbește personalitatea. Când este echilibrat, înflorește, se deschide în toată splendoarea sa și filosofează pe diverse teme, fiind o reală plăcere să-l asculți.

Când sunt de gardă, nu mă mai gândesc la problemele mele, la depresii sau alte turbulențe. Le las pe toate la intrarea în spital, într-o zonă imprecis delimitată, undeva între trepte și tejgheaua paznicului. Îl salut pe acesta, merg la vestiar să mă schimb și de la ora opt dimineața până a doua zi la aceeași oră, sunt trup și minte dedicat pacienților, de multe ori fără pic de somn, cu neuronii plutind în catecolamine și cafea.

Văd toate prezentările, fac consulturi pe celelalte secții și îngrijesc pacienții deja internați. Nu contează că n-am putut să dorm noaptea dinaintea gărzii, că am avut vreo cefalee rebelă, că m-am despărțit de iubită sau m-am zvârcolit în pat din pricina unei colici; în gardă judec și acționez la milisecundă, fără să mă pot plânge de ceva. Contrastul asigurat e propulsie cu o stare resetată. Ce vezi, faci, gândești te ajută să percepi altfel totul, să te bucuri altfel de clipă, de lucruri aparent mărunte. Mai mult, interacțiunea cu oamenii aduce povești noi pe care le strângi în tine și, negreșit, ele te schimbă. Îmi place să spun că am mereu câte un deces în fiecare gardă, referindu-mă la propria persoană – las varianta veche pe undeva și plec transformat, mai bun.

Lucruri ce merită amintite:

- Doamna A. mi-a cerut numărul de telefon, să-l treacă în carnetul dumneaei. Când am deschis foile, am văzut undeva scris "Trăiește totul cu uimire", pe lângă alte note. Asta mi-a sărit în ochi. Trăiește totul cu uimire.
- Doamna P. a trebuit să suporte o procedură riscantă: părul i-a fost pus pe bigudiuri.
- Am inițiat o discuție în franceză cu doamna M. La o întrebare din care n-am înțeles nicio noimă, am răspuns "Oui oui oui" și m-am retras rușinat din salon.
- Domnul I. a primit vizita unui amic, internat la etajul cinci, la chirurgie. Amicul i-a adus, cu această ocazie, și o șosetă pe care o pierduse acolo, la un traseu inversat.
- Domnul N. și-a sărutat soția pe buze și i-a spus că o iubește.
- Domnul V. mi-a recitat o bucată din Shakespeare.
- Doamna M. a pornit nebulizatorul în timp ce domnul V. se străduia să joace impecabil.
- A venit soția la domnul I. și s-au ciondănit lângă pat. După ce a plecat aceasta, domnul N. i-a spus lui I. că nu a fost deloc frumos ce a făcut, că soția e alături de el în clipele astea grele și trebuie să o prețuiască.
- Doamna P. m-a cerut iar în căsătorie. I-am povestit fiicei dumneaei, conferențiar la noi în spital. Mi-a spus că toată averea i-a fost lăsată deja, n-o să mă aleg cu nimic.

- Doamna A. a adormit cu carnetul pe piept.

Locuiesc într-o garsonieră modestă, undeva printr-o zonă în care cred că stau mulți veterani de război. Urc pe scări la etajul unu, parcurg holul lung, până la ultima ușă, pe dreapta. E cea mai urâtă ușă de acolo. Ca să intru, trebuie să împing cheia, să ridic clanța veche, să răsucesc puțin și să sincronizez mișcările. Îmi aduc aminte că, într-o seară, venisem praf de oboseală de la spital și m-am chinuit jumătate de oră să deschid ușa aia. Când intru, pe dreapta e un fel de debara dincolo de o perdea, pe stânga e baia cu oglinda crăpată, în față e camera. În cameră am două canapele, una din piele care e ruptă și una neagră, chipurile modernă, dar se vede că e de cea mai proastă calitate. Două dulapuri, o masă, o mobilă de tv. Lustra e strâmbă, mi-a zis-o și tipul de la internet: "Ce aiurea arată lustra asta strâmbă." De parcă era problema principală. Pe pereți stau tablouri jerpelite și din tunelul acesta temporal ieși în balcon, închis cu geamuri clasice, chituite pe un cadru metalic. Ușa din lemn de la balcon nu se închide perfect, balconul nu e închis bine cu geamurile din sticlă, ușa principală are jumătate de palmă spațiu sub ea și bate vântul în acest culoar. La propriu, nu e nicio metaforă. Atât îmi permit și, cumva, trebuie să mă mulțumesc cu tot ce (nu) am. E vreme frumoasă, e o primăvară caldă, teiul de lângă balcon e înflorit. Totuși, sunt într-o apăsare inexplicabilă.

Urmează să fiu de gardă și stau pe canapeaua nouă, desfăcută, încercând să adorm. Sunt trist, stare cu care m-am confruntat de multe ori în viața mea. Mă gândesc cum ar arăta lumea după moartea mea, exercițiu tipic de depresiv. Dacă mi-ar simți cineva lipsa, dacă ar vorbi despre mine, dacă ar plânge cineva. Comut gândul și reușesc, cu chiu și cu vai, să adorm.

La ora nouă, m-am retras într-un salon gol, pe același hol cu terapia. M-am așezat pe spate într-un pat și, preț de o oră, nu m-a deranjat nimeni. Rolul meu era să am grijă de viețile altor oameni. Am analizat toată ecuația asta, tot ce văzusem în gardă, tot ce văzusem în aventura mea de rezident. Simțeam cum pune o liniște profundă stăpânire pe mine. M-am ridicat în capul oaselor, m-am încălțat cu tenișii mei speciali de gardă și, pe la zece și un pic, am intrat în salonul de cardio. O singură lampă era aprinsă. Pe vârfuri, am înaintat până în inima salonului. Era liniște. Toți dormeau. Doamna A. respira mai bine. Doamna P. avea bucle proaspete și stătea ghemuită ca un bebeluș. Domnul N. sforăia ușor, îndreptat spre noptieră, unde ținea o poză cu el și soția lui. Domnul I. avea ambele șosete în picioare. Doamna M. ațipise cu masca de la nebulizator lăsată pe frunte. Domnul V. dormea cu gura deschisă, parcă recitând alte bucăți din Shakespeare. În clipele acelea, am știut că stăteam în cel mai frumos salon din lume. Unul cu bebeluși echilibrați, plini de povești minunate, de iubire, de uimire.

Timpul a trecut ca o ceață ce se lasă, învăluie totul și apoi se ridică, pierzându-se în eter. Această ceață a coborât peste A., P., N., I., M., V., i-a îmbrățișat ca-ntr-o cursă cu tramvaiul și s-a ridicat apoi. Când totul s-a limpezit, doar N. mai era în viață, pe care l-am revăzut de curând, într-o altă gardă. Venise la chirurgie, pentru o hernie inghinală. Ne-am recunoscut imediat, i-am reevaluat inima și ne-am povestit apoi de avioane, cascadorii și iubire. Soția era cu dumnealui, durdulie, sănătoasă și cu niște ochi albaștri superbi.

Cât despre mine, am depășit unele turbulențe, am părăsit acea garsonieră veche prin care bătea vântul, de parcă eram suit pe un avion în zbor, am părăsit și salonul în care am prins atâtea și atâtea povești, îndreptându-mă spre alte saloane, cu alte gărzi și alți pacienți ce-mi oferă alte momente minunate.

37

E toamnă de-a binelea. Noi intrăm sub pături, cu ceaiuri aburinde pe noptiere, farfurioare cu prăjiturele alături și cărți bune în mâini, care nu de puține ori ne conduc spre lumi de vis, dar și spre porții de somn, până la urmă tot de vis și ele. Aerul miroase a nu-am-cuvinte-să-îl-descriu-dar-e-rece-și-curat. Ajung frunzele pe jos, ocolind picioarele care pun pas după pas în călătorii cu rol de introspecție. Vremea invită omul la îmbrățișări și povești.

Același cuplu, ea se îngrijește de scara mea, el are grijă de scara din spate, care e plasată în colțul parcului.

– Iar te-ai trezit la cinci?
– Da, a fost treabă multă aici.
– Ai și măturat frunzele?
– Uite grămada acolo.
– Nu le mai mătura, se fac imediat la loc.
– Lasă, să fie frumos.
– Cafea ai apucat să bei?
– De unde, am ieșit repede să spăl holurile și apoi afară.
– Am făcut eu, mă duc imediat după căni.

Lui îi sună telefonul. Nu e o melodie de petrecere, e o tumbalalaika ce sună frumos în aerul rece, tomnatic. Muzica e-n crescendo și mă bucur că am geamul deschis, să o aud; aș vrea să nu răspundă, să savurez ritmul mai mult. „Da! A, tu erai? Pune două linguri, da, mari, să fie mai dulce. Te aștept, m-am apucat să strâng cartoanele și sticlele."

– Hai că e fierbinte, lasă alea acum.
– Trebuie să mai mătur o dată.
– Păi nu ți-am spus eu? Se face totul la loc.
– Bună mai e. Stai aici lângă mine.

Sunt amândoi lângă mormanul de frunze. Mie îmi vibrează încă tumbalalaika în creier, muzica, toamna și alte câteva lucruri indispensabile vieții. O viață pe care unii ce par a avea puține o trăiesc mai bine decât alții ce par a avea multe.

38

Am filosofat îndelung dacă nu cumva era mai bine să fiu un prost. Am învățat despre toate organele și funcțiile lor, trecând prin toate bolile posibile, dezvoltându-le în splendoarea lor. Când am citit despre SIDA, mi-am dat seama că am SIDA. Când am ajuns la tromboembolismul pulmonar, știam că un cheag de sânge e blocat în plămâni, că doar din cauza asta respir uneori mai greu și mă ține spatele. La o durere de picior, aveam deja artrită reactivă. Toate hepatitele au fost făcute într-o săptămână, că atât mi-a luat să le învăț. Bolile neurologice au pus stăpânire pe mine, una după alta. Am făcut într-o după-amiază limfom Hodgkin și mi-am dat un maximum de trei luni de trăit. Într-o seară, ca o bomboană pe o colivă măricică, am făcut Parkinson. Când am uitat unde am pus cheile de la mașină, aveam pesemne Alzheimer. Am realizat imediat că eu nici nu am mașină. Poate ar trebui să mă caut mai serios de Alzheimer. Sau nu, să consider că o am deja, așa mă pot bucura de uitare, de pierderea memoriei, de eliberarea la care unii nu pot decât visa. Dacă mă străduiesc și mă concentrez pe asta, poate voi face maladia cumplită a creierului, așa cum un pacient de la stagiul de semiologie a vrut să primească una bucată cancer în cap sau pacientul care visa o evadare, observând păsări colibri în jurul capului meu, urechi enorme, elefanți. Ce stupid sunt cu încercările mele de a bloca gândurile; n-aș vrea să-mi pierd din memorie, am cele mai frumoase lucruri acolo.

Dragă inimă,

Nici până astăzi n-am reușit să înțeleg ce am trăit noi cu pacientul care cliva realitatea. Știu că suntem înconjurați de foarte mulți oameni cu probleme psihice, dar acele momente au avut o tectonică aparte pentru noi.

Oare pacientul era într-adevăr schizofrenic sau ne juca pe degete cu o inteligență aparte care manipula orice sâmbure de rațiune, înfășurându-l în imaginariu?

Cred că nu vom mai afla niciodată. Și, pe undeva, e foarte bine așa.

Cu fascinație,
V.

39

Există în orice om lucruri pe care nimeni nu le va afla niciodată. Nu ne putem spune totul și, pe undeva, e foarte bine așa. Există lupte pierdute care au atras cândva dezamăgiri pe măsură. Sunt, în orice om, lucruri neterminate care frânează orice desfășurare de zi. Există regrete care nasc, din când în când, cearfifostdacă-uri ce zdruncină prezentul și-l trimit în brațele tristeții. Există pierderi umane. Nimic nu e neted și roz, iar clipele de armonie pot intra rapid în tangaj. Există evoluții spre nebunie.

Dincolo de toate, în fiecare om stă o poveste. Suntem niște cărți ambulante, culegeri de povești. Unii strâng între coperte mai multe, alții mai puține. Unii au copertele urâte, roase de vreme sau prea apăsătoare suferințe, dar adăpostesc cele mai frumoase povești. Alții au coperte rocambolesc aranjate, luxoase și-ntre ele nu stă mai nimic sau stau povești subțirele, lipsite de substanță. Iubiri, întâlniri ce par întâmplătoare, plimbări lungi și contacte cu natura, acte de curaj în situații critice, gesturi dezinteresate, gânduri care mișcă munți, toate stau comprimate în cuvinte potrivit aranjate, la oamenii care mai știu să fie oameni.

Când își strânge suficiente povești, omul adevărat realizează ceva măreț: cei de lângă el îl descoperă și vor să-l citească fără oprire. Îl deschid larg și se minunează de ce-i în el. Apoi, omul pur mai realizează ceva: că va fi nemuritor după ce toți ceilalți i-au citit poveștile. Copertele desfăcute îi devin aripi și e vremea propice pentru a prinde zborul dulce spre depărtări încă necunoscute, ieșind din sfera timpului.

Într-un spital vechi, cu holul plin de dulapuri rablagite, un salon de la etajul cinci avea să devină sediul unor legături aparte. Când l-am văzut prima dată, am căzut în capcana etichetării impulsionate de către aspect. Era un domn pe la 60 de ani, cu păr alb și des, subțirel, ochi mici și negri, oase zigomatice ce ies în evidență și creează o față colțuroasă; avea capul bandajat și prin straturile de tifon puteai vedea sângele închegat. Lovitura fusese prin cădere de la propria înălțime, într-o pierdere a stării de conștiență. L-au dus la urgență, i-au făcut un set de analize și o electrocardiogramă, descoperind o fibrilație atrială cu frecvență ventriculară rapidă; medicii au considerat că plaga parietală e superficială și nu e nevoie de un examen computer tomograf. Lucrurile păreau logice: a făcut fibrilație, i-a căzut tensiunea din cauza pulsului rapid, a sincopat și asta a fost. Mă uitam la domnul S. și anticipam cumva un personaj șters, nici nu știu sigur de ce.

Pacientul avea o voce în stare să pună calmul între

două fronturi de război. Dacă îl puneai între liniile inamice și-l înzestrai cu o portavoce, el putea să-i scoată pe toți din tranșee, să-i apropie și să-i facă să se îmbrățișeze. Din când în când, avea un tic - își depărta sprâncenele și netezea pielea de pe glabelă, trăgând în jos în același timp de buza inferioară. Vorbea perfect din punct de vedere gramatical, chiar dacă susținea că nu făcuse decât școala generală. Știa să citească și parcursese multe tomuri din varii domenii, putând susține conversații decente chiar și cu un intelectual fin. A nu se înțelege că sunt eu un intelectual fin.

Prima atitudine a fost examinarea atentă a inimii cu ecograful. Nu am văzut mari probleme valvulare, nu avea trombi în atrii, mușchiul era puțin îngroșat, fibrilația era recentă, așa că se preta la o conversie chimică la ritmul fiziologic, utilizând amiodaronă pe injectomat. Zis și făcut. Începând spre seară perfuzarea automată la o doză bine calculată, ajutați și de potolirea simpaticului pe timpul nopții, am obținut conversia în pragul dimineții. Când am ajuns la spital și l-am revăzut, domnul S. avea bandajul mare dat jos, înlocuit cu unul dreptunghiular mic pe parietalul stâng. Purta un tricou albastru închis, pantaloni gri și șosete albe; stătea cuminte la marginea patului.

– Ați văzut cine m-a vizitat?
– Bună dimineața. Nu. Cine?
– Bunul meu prieten. Elefantul.

– E o poreclă sau cum?

– Nu e nicio poreclă. Elefantul a fost aici. Tocmai a ieșit.

Un pacient din patul de la fereastră îmi spune că omul e nebun, vorbește singur, să am mare grijă. El abia așteaptă să fie astăzi mutat într-un salon obișnuit, acum că respirația i s-a ușurat și inima s-a mai echilibrat. Să stea naibii singur în toată terapia, că e nebun. Ăsta poate scoate un cuțit și-l bagă în primul care-i iese în cale. Infirmiera, o doamnă durdulie pe la 55 de ani, intră și-l invită pe pacientul cu insuficiență cardiacă avansată să își ia lucrurile și să o urmeze până în salonul din capătul holului. El se conformează, apucă pungile și cu ele în mâini își face cruce cu dreapta. Atinge fruntea, buricul, umărul drept, umărul stâng. Pungile foșnesc. Scăpase.

M-am uitat pe monitor și am văzut că era în ritm sinusal, la 52 de bătăi pe minut. Postconversia cu amiodaronă aduce de regulă bradicardia care se ameliorează treptat. Stătea liniștit ca o moară de vânt amplasată într-un ținut fără vânturi. Așadar, elefantul tocmai plecase.

– Cum vă simțiți azi? Vă mai doare capul? Mai aveți amețeli? Mai percepeți bătăile inimii?

– Nici vorbă.

– Nici vorbă la care întrebare?

– În general. Nu mai vorbesc cu dumneavoastră. Vă

bateți joc de mine.

– Departe de mine așa ceva.

– Păi da. Și eu voi sta tot departe.

– Sunt medicul care v-a internat.

– Mă externez azi. Vine Ana după mine.

Cum abordezi un pacient care devine dintr- odată refractar la orice inițiativă de comunicare? Uneori, e bine să taci, să lași un timp mort, să te retragi și să-l lași pe celălalt să vină după tine. M-am apucat să- i consult pe ceilalți, dar recunosc că mintea mi-a stat numai la S. Oare cine era Ana? Nici nu mi-am dat seama cum s-a scurs ziua și-am terminat programul, inclusiv câteva cazuri explicate unei grupe de studenți. Voiam să mă retrag în biblioteca veche, să mă relaxez puțin cu o carte pe care o aveam la mine – "M-am hotărât să devin prost", de Martin Page. Nu aveam stare de lecturat beletristică; am aruncat-o la loc în geantă, am deschis un dulap prăfuit și am scos un tratat despre hipertensiunea arterială, scris în 1968, ca să mă uit pe poze. O nebunie de carte. La propriu. M-am întins peste mâini cu trunchiul, orientând capul spre dreapta, am închis ochii și-am adormit.

Soarele desena mici figurine pe peretele opus ferestrei din terapie. Am intrat încet și nu m-am uitat spre S., făcându-mă că scotocesc după ceva prin sertarele unui dulăpior în care ținem materiale sanitare.

– A venit Ana?

– Mă scuzați, cu cine vorbiți?

– Cu dumneavoastră. Ce aveți în păr? Ce frumos zboară!

– Ce anume am? M-am uitat într-o oglindă. Nu era nimic.

– Știu păsările alea. Sunt colibri. Ele pot zbura și cu spatele. Când fac asta, timpul dă și el înapoi. Mă bucur că le-ați lăsat să stea în părul dumneavoastră. Să aveți mare grijă de ele.

– Așa voi face.

– Uite cum au ieșit și zboară în sensul acelor de ceas! Veniți mai aproape, să le văd mai bine. Veniți!

Ce erau fantasmagoriile acestea? Suferea domnul S. de vreo tulburare psihică majoră? Nu știam dacă afectarea era mai veche sau survenise după acea căzătură. Asta îmi complica serios tot actul medical. Mâine va face CT, la prima oră. La alt spital, că al meu nu avea nici măcar o cutie de carton în care fusese cândva un computer tomograf. Ambulanța îl va duce, îl va aștepta cât timp va face explorarea, îl va aduce înapoi în clinică. Asta în teorie, că în practică ar putea oricând ca un elefant să deturneze ambulanța și să-l răpească pe domnul S. O răpire pe care, fie vorba între noi, și-o cam dorea. Am stat cu degetele încrucișate să iasă totul bine. A ieșit fix pe dos.

– Păsările colibri trăiesc puțin pentru că inima le bate foarte repede. O țestoasă trăiește mult pentru că inima îi bate lent.

– Așa este. Vă cam pricepeți la inimi.

– Mai puțin la a mea.

– O rezolvăm noi cumva. Mâine veți face o plimbare la o colegă, în alt spital. Vrem să ne asigurăm că nu s-au produs leziuni după acea lovitură la cap.

– Pe mine nu mă mai doare nimic, dar facem cum spuneți.

Am plecat acasă. Se înnoptase. Nu sufla nici boare de vânt, iar cerul clipea din ochii lui munți de stele. Aceleași senvișuri triste, același duș rapid, aruncarea în pat și așteptarea prelungă a somnului. N- am reușit să dorm deloc. Mă uitam la ceas și, constatând că era unsprezece, mi-am zis că dacă adorm în acea clipă, voi avea șase ore și jumătate de somn. S-a făcut ora unu, rămânând patru ore și jumătate de somn. Tot e ceva. E deja două și jumătate. Trei ore sunt mai bune decât nimic. Ora patru. Nouăzeci de minute de somn plonjat direct în REM ar fi nemaipomenite. Sună alarma de 05:30. Bună dimineața! Am și gardă, bonus.

L-au luat cu ambulanța de transport la ora șapte. Când am ajuns eu, patul lui era gol și pe noptieră avea scrisorile lui Kafka către tatăl său, strânse într-o carte cu coperte negre. Nu știu ce anume m-a împins, dar am deschis cartea unde avea semnul improvizat - o bucată îndoită de ziar. Peste cuvinte, pacientul desenase cu pixul niște figuri geometrice poliedrice. Am închis-o și m-am străduit să o las în aceeași poziție, pentru a nu trezi vreo suspiciune. După ce am preluat două internări, o tahicardie paroxistică supraventriculară și un flutter atrial, ambele puse în salonul special pentru sexul feminin, m-am întors acolo unde trebuia să revină domnul S. L-am găsit într-o formă bună.

– Mi-ați umblat la carte?

– Eu acum am intrat aici prima oară pe ziua de azi.

– Atunci cine? Semnul e invers, cu cifra asta răsturnată în sus. E invers acum. V-ați uitat și ați văzut formulele.

– Nu pricep ce-mi spuneți.

– Formulele care vin spre mine din aer. Sunt toate în carte. Sunt formule importante. Mi le-ați furat.

– Liniștiți-vă. Nu am furat nimic. Eram curios să văd ce anume citiți. Iertați-mă că mi-am băgat nasul.

– Asta este. Să le folosiți cu plăcere. Asta este acum.

– Cum a fost la CT?

– Acceptabil. Doamna doctor era drăguță, dar cam obosită. Ar trebui să aveți mai multă grijă de voi, și abia apoi să aveți grijă de alții. Invers nu. Ce dorm păsările! Pesemne că le-ați dat să mănânce. Aveți filmele, CD-ul și interpretarea în plicul de acolo.

Am luat plicul cu totul și am fugit spre bibliotecă. Inima a început să-mi bată cu putere, într-un val de emoții. Pe partea cu lovitura nu avea decât un hematom superficial în resorbție; fără fractura calvariei, fără afectarea encefalului. În zona occipitală însă, cinci zone hiperecogene tracționau materia din jur. Cea mai mare avea patru centimetri în diametru și celelalte stăteau ca niște sateliți în jurul ei. Erau metastaze. Domnul S. avea un cancer prin altă parte, posibil prin plămâni, prostată sau tubul digestiv; celulele tumorale plecaseră prin corp, proliferând pe unde le dusese capul.

– Cum se prezintă situația?

– Binișor. Vreau să facem și o radiografie de plămâni, din păcate nu am reușit să facem una la internare, nu puteați sta lipit de placa aparatului.

– Facem acum. A fost Ana pe la mine, ați prins-o? Voia să vorbească cu dumneavoastră.

– Nu, nu m-a căutat nimeni.

– Păcat. Sper totuși că vă veți întâlni.

– Cine e Ana? Soția dumneavoastră?

– Aș vrea eu. Ana are zece ani.

– Vă e nepoată?

– Nu. Ea stă cu elefantul.

– Am înțeles.

Aveam, slavă cerului, aparat pentru radiografii. Infirmiera l-a dus cu un cărucior, au coborât la subsol, l-au poziționat aproape de placa emițătoare, i-au bombardat celulele cu radiații și au văzut cum lobul pulmonar drept era distrus de o masă cu contur neregulat, de peste doisprezece centimetri diametru. Cel mai probabil, un neoplasm pulmonar. Cel mai probabil, un cancer primitiv care a plecat în ganglionii locali, apoi s-a întins spre alte zone, inclusiv în creier. Asta este. Cum să-i explic pacientului situația?

M-am gândit că e mai bine să las o noapte și să-i transmit vestea rea a doua zi. N-am mai putut să intru în salon. Cumva, acea persoană care mă atrăgea prin toate misterele ei mă și respingea acum prin faptul că era o pradă sigură a morții. Nu voiam să mă apropii mai strâns de un om care, medical vorbind, mai avea câteva luni de trăit. M-am dus în camera medicului de gardă, un etaj mai sus, tolănindu-mă pe canapeaua din piele verzuie. Începeau să cânte niște greieri afară. Ochii mi se închid, simt o amorțeală dulce, somnul se așterne peste mine, îmi cade în tot corpul și respir adânc, lent. Bubuituri în ușă.

Era asistenta. Mă chema în salonul de terapie intensivă, pentru că avea probleme cu pacientul. Refuza să înghită pastilele și devenise agitat psihomotor. Am coborât cu ea, să văd despre ce e vorba. Domnul S. stătea în picioare, aproape de ușa care dădea spre balcon. M-am gândit că am făcut o imensă greșeală: trebuia să blocăm acea ușă, ieșea spre balcon și un asemenea om putea cu ușurință să se arunce de la o înălțime considerabilă. Cum de am neglijat acest detaliu?

– Iar a venit tanti asta cu urechile ei clăpăuge?
– Vorbește domnule frumos! îi trântește asistenta.
– Sunt mari. Mai mari și decât ale elefantului meu.
– Numai prostii spui. Ai băgat teroarea în tot spitalul.
– Hai să ne calmăm cu toții. Ce vă supără acum? spun

eu.

– Vrea să mă otrăvească. Pastile, pastile și iar pastile. Păi de ce să le iau dacă eu mă simt bine?

– Vă simțiți bine tocmai datorită pastilelor. Dacă nu le mai luați, inima se va da iar peste cap.

– Să se dea. Vreți să mă adormiți! Vreți să mă omorâți! Eu plec acasă.

– Acasă unde?

– Acasă la mine! Că doar nu la dumneavoastră sau la tanti asta care e-n stare să zboare cu urechile.

– Ia domnule pastilele, că mai am o mulțime de treabă!

– Lăsați-mă cu el, vă rog. Mergeți liniștită pe secție. Mă descurc eu.

– Vezi cum ieși pe ușă, să nu rămâi blocată cu urechile alea!

– Domnule, vă rog. Nu e frumos să-i vorbiți așa. E o bomboană de om. Să vă cereți scuze mai târziu.

– Nicio scuză. Vreau să plec.

– Bine, vă las să plecați, cu o condiție.

– Nu iau nicio pastilă.

– Nu asta. Vreau să stați cuminte în pat, eu vin aproape și purtăm o discuție.

– Sunt cuminte mereu.

Se calmase. N-am priceput ce avea cu urechile asistentei. Erau niște urechi superbe, abia se vedeau de părul strâns cu grijă. M-am dus pe patul vecin și m-am așezat pe el, sprijinindu-mă de perete cu spatele meu tensionat, apucându-mi genunchiul drept cu mâinile încordate.

– Situația nu e deloc grozavă. Nici nu știu cum să vă spun.

– Spuneți-mi direct. Îmi place directitudinea.

– Aveți cancer. Cel mai probabil pulmonar. Plecat în creier și posibil și-n alte organe.

– Știam.

– De unde știați?

– Eu am vrut să fac cancer. Dacă mă gândesc îndeajuns la un lucru, se întâmplă. Mi s-a pus pata în urmă cu niște ani pe treaba asta. Să fac cancer. Știam.

Nu înțelegeam nimic. Parcă eram în turnul nebunilor. Voințe folosite nu pentru facerea de bine și creativitate, ci pentru rău și distructivitate. Există, ce-i drept, un opus de placebo. Se cheamă nocebo. Te gândești mult la o boală și ea se poate înfăptui. Tot mă simțeam în vremuri apuse, în care doar o vrăjitorie putea explica asta. De ce voise să facă o asemenea boală?

– De ce v-ați dorit să faceți cancer?

– Așa mă pot retrage. Altfel nu am putut. Mi-ați luat o piatră de pe inimă cu vestea asta. Mă lăsați să plec acasă? Capul nu mă mai doare, iar inima pare că bate normal.

– Încă puțin. Vă rog să-mi răspundeți la niște întrebări.

– Dacă pot.

– Nu ați avut nicio problemă respiratorie până acum? Tuse, expectorație cu sânge, respirație mai grea, oboseală la efort?

– Niciuna. Mă simt minunat.

– Nici dureri de cap, amețeli, dezorientare?

– Nu. Mă mai supără vederea. De câteva luni văd foarte prost cu dreptul, cu stângul ceva mai bine, dar tot prost.

– Și figurinele acelea plutitoare?

– Nu mai știu de când le văd.

– Elefantul?

– De mai mult timp.

– Fetița?

– Care fetiță?

– Parcă Ana o chema.

– Nu cunosc nicio Ana. Eu sunt singur, nu am copii sau nepoți.

– Am înțeles. Mulțumesc că mi-ați răspuns.

– Vreau să plec. Semnez în foaie și plec. Am treabă acasă.

– Mâine facem externarea. Vă rog să vă băgați în pat și să vă odihniți.

– Bine. Noapte bună.

– Pe mâine.

Am ieșit și m-am dus sus, pe aceeași canapea învechită. Mintea mi-a fost imediat inundată de gânduri. Avea cert o tulburare psihiatrică. Inventa personaje. Vedea figurine. Susținea că își făcuse singur cancerul. Mă rugam să nu devină violent cu asistenta de gardă, nu prea voiam să-l leg de pat, e inuman așa ceva. Mă rugam să fie liniște. De unde. De data asta sună telefonul. A ieșit pe hol și s-a dus în salonul de bărbați, voind neapărat să discute ceva cu domnul care-i fusese coleg pentru scurt timp. Voia să discute cu forța, cu o mână înfiptă în gâtul sărmanului om. Am luat-o la goană într-acolo.

– Ce se petrece aici?

– Mă omoară! Mă omoară!

– Nu-l omor. Mi-a furat din lucruri. Puloverul meu. Mi-a furat puloverul!

– Ce pulover, domnule? Ce să fac cu el pe căldura asta? E nebun! Luați-l de aici. Ăsta vrea să mă omoare.

– Scoate puloverul, nenorocitule!

– Liniște! Dați-i drumul imediat, altfel chem paza.

S-a întors către mine și a împietrit. Și-a retras imediat mâna din gâtul pacientului cu insuficiență cardiacă și a făcut un pas în spate.

– Păsările. Zboară invers. Faceți ceva. Când zboară invers, timpul curge înapoi. Faceți ceva.

– E nebun, ce să mai, interveni fostul vecin de salon. E dus. Ăsta ne omoară pe toți.

– Îl cred și eu în stare, adăugă asistenta.

– Blocați-le cu mâna. Dacă zboară prea mult, nu e bine. rog.

– Haideți să ne întoarcem în salon. Haideți, vă

A fost agitat ore în șir. Dacă încercam să-i dau un calmant, refuza să-l înghită. Dacă voiam să apelez la soluția de haloperidol, ne spunea că vrem să-l otrăvim. Credeam că avem un schizofrenic într-o criză majoră și nu știam cum să-l liniștim. Eram atât de obosit și stresat încât îmi venea să las baltă totul și să plec acasă. Oricum nu-mi venea să cred ce se întâmplă. Era prea mult. Era peste Kafka. Culmea, avea scrisorile lui Franz pe noptieră. Culmea. Asistenta a încercat să-l lege cu tifon de barele patului. În zadar. Și-a luat chiar câteva lovituri în coapse. Fiind într-o situație la limită, am sunat la un spital de psihiatrie, am obținut un acord de transfer și l- am trimis acolo, cu o ambulanță, în miez de noapte. Căzuse liniștea peste secție.

Timpul a zburat, cum zboară timpul, mânat de niște păsări colibri ce se rotesc în jurul capului, în sensul acelor de ceasornic. Nu mi-am scos niciodată din minte acea întâmplare care m-a urmărit obsesiv. Am sunat în garda de psihiatrie și mi-au spus că pacientul a ajuns și a fost examinat, fiind pus în secția de schizofrenici. Nu mai știu nimic de el.

Zilele s-au dus și mi-am făcut o mulțime de scenarii. Să fi fost un teatru totul? M-a jucat pe degete? Și dacă da, la ce bun? Nimic nu se lega. Avea într-adevăr o tulburare psihică, așa îmi părea, dar nu știam dacă ea era dinainte de metastazele cerebrale sau apăruse în context. Oricum, fabuloase îmi erau aceste evoluții și transformări. Mai târziu aveam să citesc "Halucinații" de Oliver Sacks, carte în care vestitul neurolog vorbește despre halucinațiile vizuale apărute în anumite tulburări de vedere. Grosso modo, când văzul este afectat de o boală, creierul încearcă să suplinească deficiențele și proiectează obiecte care nu există. Subiecții realizează în principiu că acele proiecții nu sunt adevărate. Cele mai multe sunt mici figurine care par a pluti în aer, distorsiuni la nivelul feței proprii sau a altor oameni, animale de diferite mărimi, personaje de basm. Sacks descrie impecabil o mulțime de pacienți cu asemenea simptome, în așa-numitul sindrom Charles Bonnet. Eram năucit. Domnul S. îmi spusese că vederea îi slăbise mult, probabil din cauză centrală, de la acele tumori așezate occipital. Vedea urechi prea mari, păsări colibri, figuri, un elefant. Să fi fost chiar acest sindrom sau o altă lume inventată într-o formă de schizofrenie, așa cum îmi transmiseseră de la clinica de psihiatrie? Nu știam cu certitudine.

Mă mai urmărește acel episod și probabil că mi-am fixat o explicație medicală plauzibilă. Componenta de mister era uriașă, însă. Am mers mai departe. M-am simțit ca-n Gabriel Garcia Marquez, unde nu mai știi cum trece timpul, ce boli se vindecă misterios, cum apar altele la fel de misterios, cum dispar oamenii și nu-i mai vezi niciodată, ca într-un tărâm suspendat în ceață.

Suntem, pe undeva, tot timpul la limita dintre realitate și fantezie. Sectoarele de multe ori se împletesc chiar și atunci când ne considerăm pe deplin sănătoși la cap. Am mai avut cazuri similare, dar niciunul de amplitudinea aceasta.

40

Mă apucă uneori dorul de locul dintre munți, cum îi era pacientei de casa ei cu acea curte plină de flori. Și atunci, tulburător lucru, mă poziționez într-un colț, să fac un bilanț. Oare mi-am pierdut iar inima și trebuie să ajung acolo, în acel loc? A doua fugă. A doua conștientizare.

Trec aproape de curcubeu, salut vulpea cu părul ciufulit, simt iarba cum îmi gâdilă gleznele goale, ajung lângă inorog.

– Mă doare inima, îi arunc.

– Inima nu doare niciodată, îmi zice.

– La naiba. Atunci ce mă doare?

– Te doare tot ce s-a pus împrejurul ei. Se chinuie. Nu o simți cum se chinuie?

– Ce pot să fac?

– Poți să trăiești bine-mersi și-așa. Sau poți să mă rogi frumos să îți dau alt împrejur de inimă.

– Ai mai multe împrejururi de inimă?

– Oho. Tu de ce crezi că am vulpea lângă mine?

– Chiar nu am idee. Poate îmi explici.

– Ți-am explicat prima oară că eu scot inimile

oamenilor și le agăț uite-acolo, lângă curcubeu. Apoi vulpea se plimbă împrejurul lor, să le păzească. Ea nu ajunge la ele, dar știe că nu sunt acre. Sunt inimi bune. Poate un pic prăfuite.

– Așa face vulpea împrejururi de inimă?

– Da. Nu trebuie să te gândești prea departe.

– Și cum pot lua și eu un împrejur nou?

– Mergi și ia ce-ți convine.

– Dar nu văd nimic acolo. Sunt doar niște inimi care ar trebui să se întoarcă în pieptul unor oameni.

– Nu privești cum trebuie. Nu-ți mai folosi ochii. Închide-i.

– Gata.

– Îl simți? Tocmai te-ai ales cu un împrejur nou. Îți vine de minune.

– Ce bine. Pot pleca acum?

– Sigur. Mergi sănătos.

*

– N-am schimbat nimic la el, nu-i așa? întrebă vulpea.

– Bineînțeles că nu. Nici nu era nevoie. Are o inimă plină de povești și iubire, iar împrejurul de inimă e doldora de lumină.

– E doar puțin rătăcit, nu? spuse roșcata.

– Toți oamenii sunt așa, răspunse unicornul. Toți sunt așa.

41

Mi s-a întâmplat cândva ceva aproape fantasmagoric. Am luat-o pe jos de la spital spre tramvai, ca să ajung acasă. Eram frânt de oboseală, după gardă. Înăuntru nu era chiar aglomerat; câțiva oameni în picioare, cu barele de sprijin aproape de corpuri, și alții pe scaune. Soarele trimitea raze și desena cu ele pe podeaua gri. Nimic nu avea să anunțe ceva deosebit. Pe scaunul din dreapta mea - stăteam în picioare - o fetiță cu tenul perfect, ochi uriași albaștri, buze groase, capul acoperit de un batic, corpul protejat de trening din bumbac și-n picioare cu tenişi roz, răsucea realitatea după cum poftea. Avea totul la degetul ei mic. Intra în vorbă cu o naturalețe ieșită din comun, oferind pilde celor de vârsta a treia. Le ceda locul și imediat urma câte o bombă: „sunteți foarte frumoasă, doamnă; dacă am ajunge toți așa ca dumneavoastră... Mie mi-e groază de bătrânețe, vă spun. Sper să rămân cum sunt acum." Mă uitam și nu-mi venea să cred. A intrat o femeie cu o fetiță în brațe. Fata cu tenişi roz a abordat-o imediat, schimbând râsete pure și cuvinte calde. S-au ținut chiar de mână, pornind o relație din nimic. După câteva stații, spune: „Văd că voi coborâți aici, eu mai merg. O să-mi fie dor de tine."

Unui bătrân i-au căzut din mână două ziare și o pungă cu covrigi. Ea a sărit și s-a opus entropiei, restabilind echilibrul; în două secunde toate erau deja în brațele domnului. Se răsucește și-i transmite unei doamne din spate: „Ce zi minunată, nu vi se pare?"

Întrebată dacă este la școală, fata cu tenişi roz a răspuns: „Trăiesc practic din ce-mi dă lumea, dar nu cer nimănui nimic. Noi nu avem casă. La școală nu am cum să mă duc, cred că înțelegeți de ce." Acel „cred că înțelegeți de ce" ascunde fix elementul pe care nu prea îl înțelege nimeni: că trăim vremuri ciudate, că unii au mai multă școală în ei chiar dacă n-au stat într-o bancă niciodată, că există spirite nobile în locuri și trupuri aparent nepotrivite, că indiferent de vârstă poți face bine fără să aștepți ceva în schimb, că poți schimba dispoziția unui om cu o vorbă și că înțelepciunea multă poate sta și într-un corp mic.

Am coborât aproape de blocul meu, dintr-un tramvai ce a conținut un domn care și-a scăpat ziarul și covrigii pe jos, o mamă cu fetița ei prinsă la piept, o doamnă care îmbătrânise frumos, alți oameni, un observator în propria-mi persoană și-o aparent banală fată cu tenişi roz. M-a încercat un sentiment trist, dar apoi, gândindu-mă, mi-am zis că era totuși fericită. Că se bucura de lucrurile mărunte, de cuvintele calde, de faptele bune, de razele acelea care desenau ceva pe podeaua tramvaiului. Și ea, fără a ști să citească, citea în semnele mici ale viețuirii pure. Pe urmă am revenit asupra poveștii, gândindu-mă dacă nu cumva ce era ea se datora unor mari lipsuri și suferințe. Niciun copil nu ar trebui să crească în mari neajunsuri, în familii cu fericirea străină, pe drumuri, în călătorii obositoare prin locuri de multe ori obscure.

Dacă o veți întâlni, o veți recunoaște imediat. Fata cu tenișii roz vă va oferi o măreață lecție. Și poate voi vă veți aduce aminte să trăiți un pic altfel. Nu vă va cere nimic. S-ar putea să vă numească oameni - are niște ochi deosebiți și vă scanează imediat - sau să vă ureze ceva de bine, cum ar fi „o zi minunată". Și voi s-ar putea chiar să o aveți. Veți reveni acasă și vă veți întoarce la sentimente de uimire, din vremuri pe care le considerați apuse. Poate asta se va întâmpla și numai citind aceste rânduri. Ce lucru bun ar fi.

42

Ca să aplici o schemă clară și să spui că ea îți poate garanta ieșirea dintr-un episod depresiv sau atingerea fericirii, e utopie curată. Am trecut prin fel de fel de încercări și metode care îmi aduceau armonie pentru o perioadă, apoi nimic nu mai funcționa și trebuia să găsesc noi abordări.

L-am prins pe Alan Watts de un picior, i-am citit toate cărțile despre starea zen spre care trebuie să tindem, despre ancorarea în aici și acum, detașări, meditații transcendentale, contemplații. Mi-a plăcut și stăteam în parc pe o bancă, iar în fața mea aveam un arbore japonez pitic, cu frunze roșii, cu două ramuri principale care nu erau simetrice, dar îi confereau o frumusețe aparte. Admiram copacul și nimic nu mai conta. Apoi am ajuns în grădina botanică și-am văzut unul asemănător, cu o etichetă albă, pe care scria cu vopsea neagră: Acer palmatum, fam. Aceraceae, var. Dissectum Rubrum. Pe scurt, arțar japonez. Mă uitam la acest nou arbore și nu-l vedeam pe el, ci pe acela din parcul aflat aproape de casa mea. Am înțeles atunci că mereu creierul ne stă în alt loc, indiferent dacă prezentul nu deține elemente mai puțin atractive.

Suntem un cumul continuu de conexiuni și asta nu e neapărat un lucru rău. Cantonarea în prezent, în aici și acum, nu e posibilă tot timpul, câtă vreme avem zone din organul gelatinos acomodat în cap care țin mereu legături cu trecutul. Neurofiziologic, recunoaștem obiecte și dând la o parte altele. Un pom e un pom pentru că are niște caracteristici, dar și pentru că nu e floare, lac, lună sau altele. Un pom devine special dacă seamănă cu unul lângă care am trăit o poveste de iubire. Atunci, arii din creier se aprind și aduc în conștient chipul persoanei iubite, generând în noi valuri de emoții. Inima o ia imediat la goană.

Când cineva îți spune să neglijezi trecutul dacă vrei să fii fericit, rotește-te la 180 de grade și fă pași largi. Trecutul tot înseamnă ceea ce ești în prezent. Trăim într-o marketare exagerată a fericirii. Nu e destinația, ci e călătoria în sine. E despre un prezent continuu. E despre meditație și calm perpetuu. Milioane de oameni aleargă după fericire, plătesc bani mulți pe cărți, programe, proceduri, totul pentru a atinge acel nivel anahoretic zugrăvit ubicuitar. Nu ai cum să ștergi trecutul, are rolurile sale extrem de importante. Nu ai cum să stai în prezent. Nu ai cum să nu suferi. Am priceput, încetul cu încetul, că fericirea mea e tocmai amestecul ăsta de chin, clipe rare de bucurie, dezamăgiri, mici reușite, liniști, turbulențe. Le duc pe toate cumva și asta-i viața.

Cred, pe undeva, că și alergarea asta după fericire ne

aruncă în nefericire și-n depresii. Ne raportăm la ceilalți, la profilurile lor, la stările lor, când ar trebui să privim spre noi și să ne descoperim, să ne deschidem inimile spre câteva persoane bune, să învățăm să spunem da și nu, să nu ne temem de neprevăzut sau de posibile episoade de tristețe apăsătoare, ci să ne predăm activ în curgerea timpului. Care timp nu dă doi bani pe noi, iar noi dăm atât de mult pe el.

Există o tendință a omului de a considera viața un cumul de lucruri frumoase și pozitive. Asta nu e viață. Ne construim drumul pe care urmează să mergem, ne deschidem aripi în plină cădere, trecem prin vid și întuneric, lupte și nereușite, toate amestecate cu momente în care mai apucăm să vedem ce e pe lângă drum, cerul albastru atunci când ne prăbușim, lumina și aerul, victoria și bucuria. Abia asta e viață.

Și e foarte bine așa.

43

Domnul P. a fost adus la spital într-o stare sever alterată, cu o pneumonie urâtă. Există cumva și pneumonii frumoase? A stat timp de trei săptămâni numai în pat, fără să vorbească; întors cu ajutorul infirmierei pentru o examinare completă, am observat că făcuse deja escare pe spate și pe zonele sacrate. Un prim semn rău. Astfel de tablouri clinice la persoane cu vârsta înaintată sunt în multe cazuri fatale. Pacientul nu a scos un cuvânt zile la rândul, chiar dacă se uita în jur cu ochii lui blânzi; evoluția părea favorabilă până într-o dimineață de duminică, atunci când a trecut o primă cumpănă, cu instabilitatea ritmului cardiac, instabilitate hemodinamică, bradipnee. Inima a intrat în bloc total, ritmul fiind preluat de un centru din ventriculul stâng, cu o frecvență de 35 de bătăi pe minut. Trei medici au vuit câteva ceasuri pe lângă el și l-au echilibrat.

A urmat o săptămână în care domnul P. s-a simțit tot mai bine, a început să comunice iar, să mănânce, să respire fără dificultăți, să stea pe tensiuni bune. Într-o dimineață închisă, m-a chemat lângă pat și m-a rugat să îl iau de mână. A folosit cuvinte. S-a folosit și de un impuls născut dintr-un arc interior ascuns nu știu pe unde, puțin și de brațul meu, și s-a ridicat în șezut. A făcut o mișcare de rotație și a coborât picioarele în podea.

Ca într-o scenă biblică, domnul P. nu s-a oprit aici. Același resort s-a activat și corpul i-a redevenit biped, fără amețeli, fără dureri, fără dispnee. Stătea în picioare lângă mine, între noi fiind cinci decenii de trăiri cu bune și rele.

– Ce puternic sunteți.
– Nu-i așa?
– Cred că e unul dintre cele mai frumoase lucruri pe care le-am văzut vreodată.
– Aveți timp să mai vedeți.

Domnul P. a împlinit 89 de ani în spital. I-au adus tort. S-a pus pe marginea patului și a mâncat o felie cu mâinile tremurânde. Avea o simplitate remarcabilă în fiecare gest, privire, cuvânt. Îl observam și eram uimit - îl analizasem aproape o lună, amar de vreme în care tușea, expectora, era somnolent și nu vorbea cu nimeni. Știam că poate să moară în orice moment. Și totuși, într-o dimineață înnorată, a decis că e mai bine să se ridice și să îmi arate că mă cam înșelasem.

– O să mă întorc la cămin.
– E bine acolo?
– Nu-i foarte rău. Bine nu are cum să fie. Stau de zece

ani, făcând aceleași lucruri. Nu mai am familie și n-am suportat să mai locuiesc singur. Singurătatea e cel mai greu lucru. Am lăsat un om cu trei fete să viețuiască în casa mea și nu-mi plătește nimic. El m-a vizitat aici, el mi-a adus și tortul. Fetele nu au venit, le e frică să vină la spital, sunt mici. Vin însă la cămin, și atunci, când sunt pe lângă mine, simt și eu că văd cele mai frumoase lucruri.

– Vă puteți îmbrăca. O să sosească mașina în orice clipă.

S-a îmbrăcat singur. Când a venit doamna de la cămin, domnul P. s-a ridicat în picioare, mi-a strâns mâna și mi-a mulțumit pentru tot. În viața noastră deloc ușoară, avem parte de astfel de momente, în care noi jucăm un rol activ și din care ne tragem energii nebănuite. Restul e-o bucată de vid. M-am bucurat enorm pentru reușită și m-am întristat că n-am apucat că vorbesc mai mult cu acest om. Dar cine știe?

44

Vrând, nevrând, cu toții ajungem niște pierde-vară la sfârșit de august. E încă destul de cald și geamul deschis dimineața la ora cinci e o adevărată binecuvântare. Ei sunt deja afară. Îi aud cum se mișcă și vorbesc despre cafea, planuri simple, munci ce trebuie făcute. Cumva, toate cuvintele lor se strâng laolaltă și zboară către mine, voind cu tot dinadinsul să le aud.

– Azi strângem sticlele din plastic. Și pe cele din sticlă.

– Da, pe alea de plastic le-am turtit ieri, trebuie numai să le pun grămadă.

– Cam cât luăm pe ele?

– Nu foarte mult. Dar tot e ceva.

– E, că bea lumea multă apă. Sau suc, pe căldurile astea.

– Lasă să bea. Să avem ce duce la centru.

– Te-ai gândit ce luăm de banii ăștia?

– M-am gândit, dar nu-ți zic. O să te superi pe mine.

– Zi-mi, că nu mă supăr.

– Altădată, nu te simt în dispoziție acum.

– Îmi spui acum, altfel nu mai mănânci la prânz.

– Luăm câteva milioane pe astea toate, am calculat

sticlele, cartoanele, alea de bere, tot. Mi-aș dori să...

– Să ce? Hai dom'le, că mă și enervezi!

– Să mergem o zi la mare!

– Ești nebun?

– Nu. Dar vreau să fiu. Măcar pentru o zi.

Cu cafelele pe o bordură, doi oameni simpli fac curat în două scări de bloc despărțite de o grădină circulară ce are în mijloc o magnolie. Ei strâng sticlele, ambalajele, cutiile aruncate de oameni la gunoi. Se trezesc cu noaptea în cap și, uneori, ce surpriză, chiar cu marea în cap.

Dragă inimă,

Știu că tu te-ai născut fără ochi și astfel reușești să vezi toate lucrurile frumoase din jur. Mai ales pe cele din oameni.

Cu drag,
V.

45

Urc, ținând-o de mână. Cred că sunt fericit. N-am nevoie de o fericire continuă, m-ar face să-i pierd sensul, ci de una care apare ici și pe colo, ținând puțin, cât timpul dintre câteva bătăi de inimă. Să știi că a venit, te-a deschis spre tot ce se întâmplă în jur, apoi te-a închis iar și abia aștepți să mai vină o dată. Mâna ei a transpirat și o retrage puțin din a mea, se șterge pe blugi, apoi o culcă iarăși în podul palmei mele drepte. Urcăm și bocancii ne sunt îngreunați de noroi. Respirăm adânc, încălzind aerul și transformân-du-l în abur. Muntele transpiră, ridicând ceața deasupra vârfurilor de pin. Nu știm dacă o luăm în direcția cea bună, pentru că n-am mai văzut niciun pătrat roșu desenat pe copaci. Cumva, nici nu ne pasă, pentru că ne ținem de mână și ne iubim.

Îmi bate inima cu putere. Oare mai avem mult până la apă? Nu știu de ce am decis că plecăm astăzi, imediat după ploaie, când drumul se umple de noroi și totul devine mult mai greu. Nu știu de ce n-am rămas în așternuturile patului, cu focul aprins în șemineu și micuța cabană încălzită bine, departe de aerul rece de afară. Să continuăm călătoria. Mă uit puțin în dreapta și îi văd profilul, părul ciufulit de vânt, jacheta galbenă și coapsele ferme, ascunse de blugi, ghetele cu talpă groasă. Pinii din față sunt încă învăluiți în ceață, ca un voal subțire, lăsat ușor peste trupul unei mirese. Cerul este înnorat și doar printr-un romb decupat se poate vedea albastrul. În spate, grohotișul se face din ce în ce mai mic. Când vom ajunge la apă, ea se va minuna de cât de limpede este. Practic, poți vedea toți peștii, plantele, pietrele, tot ce e pe fund sau plutește nestingherit în grosimea lichidului transparent. O prind de mijloc și îi sărut tâmpla de partea stângă, din mers. În urma noastră rămân două dâre prin noroi, pași puși anapoda în pământul înmuiat de ploaie.

– Unde mergem? Când mă vei dezlega la ochi?

– Mult nu mai avem. Îți voi da jos eșarfa imediat ce ajungem.

– Am cam obosit, să știi.

– Nu te mai plânge. Când vei vedea cât de frumos e locul în care vom ajunge, vei realiza că a meritat tot disconfortul.

– Chiar atât de frumos e?

– Nu ai mai văzut niciodată ceva la fel. Crede-mă pe cuvânt.

– Te cred.

Voiam să o duc acolo și era pentru prima oară când făceam asta cu cineva. Poate că era un semn că depășisem un baraj emoțional puternic, atingând o naturalețe ce îmi permitea să o invit în intimitatea mea, în cercul meu mic. Am ocolit stânca ascuțită ce mă speria întotdeauna cu forma ei de pumnal și-am coborât valea domoală ce se deschidea treptat în fața noastră. Eram aproape de lac. Când am ajuns acolo, dezastru. Apa era tulbure, nu se vedea absolut nimic. Luciul apei tremura sub vânt și nici măcar propriul chip nu ți-l puteai observa. M-a copleșit un sentiment de dezamăgire amestecat cu rușine. O adusesem undeva și acel loc nu mai era cum știam eu. Îmi venea să blestem lacul, muntele, ploaia, cerul, tot universul. Cum era posibil așa ceva? Cum de nu mă gândisem? Îmi venea să îi las eșarfa legată strâns peste ochi și să nu ne oprim acolo, mergând bezmetic, fără pic de cunoștință, doar doar voi găsi o bucată de natură care să merite. Eram în stare să continui călătoria la infinit, doar pentru a nu mă face de râs, să nu vadă acel lac care, neștiind cum era el de fapt, pesemne i se va părea hidos. Ceva m-a determinat să continui drumul. Am ocolit lacul pe marginea sa pietroasă, am urcat o pantă cu o deschizătură de nici doi metri și apoi ne-am pierdut în spațiu și timp.

În fața noastră a apărut o matahală de om. Era acoperit cu o pelerină portocalie și cred că avea un metru și jumătate în lățimea umerilor, doi metri înălțime, un relief ascuțit al feței, barbă neagră, păr negru ciufulit de vânt, brațe groase, picioare musculoase. Cred că ar fi putut rupe trunchiul unui copac cu mâinile goale. Sau pe cineva ca mine, azvârlind o bucată în lac și alta în pădure. Mă temeam, și pentru mine, și pentru cea pe care o aveam aproape și care nu știa pericolul din fața noastră.

Bărbatul călca apăsat, hotărât, uitându-se la cer. Nu conta ce se întâmpla în jurul lui, părea că are ceva important de dus la capăt. Poate aștepta o victimă, habar nu aveam. Poate ieșea numai atunci când indivizi stupizi ca mine își legau la ochi iubitele și le aduceau să le arate lacul sau vreun pâlc de copaci năpădiți de vâsc. Omora tinerii fără să scoată vreun zgomot, apoi trecea la brațul femeilor și le conducea spre o viață mai bună, eliberându-le. "N-ar fi mers oricum cu ăsta, m-am ocupat eu de treabă. Du-te, nu-ți fac nimic rău ție. Du-te." Un reglator de relații. O enzimă a iubirii. Sau a neiubirii. Asta era. Pesemne asta era. Mi se făcuse rău. Inima începea să-mi bată cu putere, voind să părăsească parcă trupul.

Iarba s-a unduit sub șerpuirea vântului subțire. Îmi era frică, o frică ce creștea în mine și lua locul tuturor organelor, mai ales al creierului. Am pierdut controlul mâinilor, picioarelor, vocii. Respiram repede și superficial. Aveam sentimentul inevitabil că ceva rău se va petrece. Cu toate astea, am preferat să nu-mi arăt slăbiciunea amestecată cu oroarea, așa că am continuat drumul, fără tendința de a ocoli cumva pericolul. Când am ajuns mai aproape, am văzut că lângă bărbatul fioros apăruse un copil. Era atât de mic, încât părea copilul unui copil, pe lângă grandoarea și trăsăturile lui.

– Ai prins fluturele? îl întreabă bărbatul-munte.

– Nu, pentru că nu e niciun fluture aici. M-ai păcălit, răspunde copilul.

– Este, numai că nu ai plasa potrivită pentru el. Și nici vremea nu e tocmai potrivită.

– Măcar o omidă dacă găsim. O luăm acasă și obținem fluturele acolo.

– Nu merge așa. Nu se transformă când și unde vrei tu.

– O iau și nu o scap din ochi o secundă. Sigur prind momentul în care din ea iese fluturele.

– Nu merge așa. Sunt lucruri pe care mai bine nu le vezi.

– Și atunci cum te bucuri de ele?

– Te bucuri știind că nu le-ai deslușit misterul.

L-a luat pe umerii lui mari, nu înainte să-i sărute obrajii. L-a potrivit pe ceafă și umeri, apoi i-a prins genunchii în mâini, să nu cumva să cadă. Îi povestea despre natură, vânt, cer, nori. Ne-a salutat și apoi s-au pierdut prin iarba ce încă dansa pe undele curenților de aer.

N-am știut ce să mai fac. Când le-am auzit conversația, inima a trecut într-un ritm aparte și calmul a pus stăpânire pe mine. Trăiam un moment de revelație, ca și cum mă aflam într-un deșert și nu mai conta absolut nimic, în fața unui foc la care mă încălzeam într-o noapte răcoroasă, având în minte tot timpul trăit până atunci de mine. Bărbatul nu numai că nu mă omorâse, așa cum bănuiam, ci mă făcuse să înțeleg ceva, apoi să renunț la un drum absurd, la o căutare inoportună. Nu i-am mai spus nimic ei și am făcut cale întoarsă spre casă.

– Și lacul unde e? mi-a zis.
– E acolo unde ți-am povestit. Și arată chiar așa cum ți-am povestit, i-am zis.

Aceasta fusese întâlnirea cu bărbatul care avea umerii de un metru și jumătate lățime.

Dragă inimă,

Tu nu ai venit cu un semn de inimă. Nu știu de unde să te apuc când termin un capitol de iubire, așa că o iau mereu de la capăt.

Cu drag,
V.

46

Aveam convingerea fermă că vom găsi puterea de a o lua de la capăt.
Și am găsit-o.
Am luat-o de la capăt.
Am început să ne redescoperim.
Am început să ne reiubim.
Am început să resimțim că trăim.
Până am ajuns în același punct.
Atunci, aveam convingerea că vom găsi puterea de a o lua de la capăt.
Și am găsit-o.
Am luat-o iar de la capăt.
Am început să ne reminunăm.
Am început să ne rerespectăm.
Am început să ne reprețuim.
Până am ajuns în același punct.
Atunci, credeam că putem reuși să o luăm de la capăt.
Și am reușit.
Am început să ne reapropiem.
Am început să ne remângâiem.
Am început să ne reiertăm.
Până am ajuns în același punct.
Atunci, eram prea obosiți amândoi.

N-am mai reușit.
Unul a plecat într-o parte.
Celălalt într-un alt loc.
Inimile ne-au înțepat o perioadă.
Apoi nici nu le-am mai simțit.
Până am ajuns în puncte diferite.

Dragă inimă,

Trag ceva pe mine și mă duc până la magazinul din colț. Eu aș lua pufuleți, dar mă gândesc că poate îți fac rău. Nu direct, ci prin povestea pe care știu că n-ai uitat-o.

Cu unele rețineri,
V.

47

Am lângă mine o pungă de pufuleți. Aceasta nu este o simplă pungă de pufuleți. Ea ascunde în spate o poveste.

Fără să știm, avem locuri speciale rezervate în inima noastră pentru fiecare persoană bună pe care o vom întâlni. Ea apare, intră chiar acolo unde trebuie, niciodată în altă parte. Și inima noastră devine mai bucuroasă, mai sănătoasă, mai frumoasă. Și mergem altfel înainte.

Eram rezident și abia mă mișcam printre cazurile grave. Îmi tremurau mâinile când trebuia să palpez un abdomen ciuruit de acele de insulină sau să ascult o inimă prin care sângele curgea în toate sensurile, din cauza defectelor valvulare multiple. Oameni cu rezervele la pământ, ce abia se mai țineau pe picioare. Când am văzut-o prima oară, m-a uimit cu liniștea dumneaei, dincolo de tabloul clinic nu tocmai grozav. Venise în insuficiență cardiacă, cu fibrilație atrială, cu picioarele umflate, cu respirație grea. Soțul doamnei A. avea doi metri înălțime și era, cum mai zic eu unora, un munte de gingășie. Îi căra toate lucrurile, venea zilnic să o viziteze, chiar dacă afară era polei sau soarele ardea, îi cumpăra tot ce avea nevoie, o ținea la curent cu ce se mai întâmpla acasă sau în lume.

O consult și strigă de durere când îi ating partea dreaptă a abdomenului. Pun asta pe seama stazei hepatice date de insuficiența cardiacă avansată. Îi văd echimozele de pe abdomen – își făcea insulină de patru ori pe zi. Încercam să înțeleg toată situația și să mă pun în locul pacientei. Nu puteam, oricum aș fi abordat empatia. La câteva zile distanță, picioarele i se dezumflaseră, respirația era mai bună, se ridica să facă niște pași prin salon. O văd cum caută prin noptiera patului dumneaei, cu greutate. Scoate de acolo o pungă de pufuleți, o desface, împrăștie mirosul peste tot, îi mănâncă zgomotos și se umple de firimiturile galbene, pe care le aruncă printr-un scuturat cu mâinile. Probabil m-a văzut cu coada ochiului; stăteam la birou și mă uitam prin foi. Se întinde greoi și mai scoate o pungă. O desface și o mănâncă în același mod. Schițez un zâmbet și o observ cum se bucură de fiecare pufulete. Se scutură iar. Apoi iar duce mâna spre sertar, mai scoate o pungă, mi-o așază în față. „Luați și dumneavoastră, că-s tare buni."

I-am luat și i-am mâncat în camera rezidenților, acolo unde se scriu foi, se fac externări, se printează sute de coli și se discută aprins pe seama unor cazuri. E forfotă, înghesuială, zgomot. Când am consumat pufuleții, nu mai conta nimic în jurul meu. Din acea zi, doamna A. îmi dădea câte o pungă. Zilnic. Devenise, fără să știe, dealer-ul meu care îmi livra fericire.

A stat trei săptămâni internată. Apoi, în următorii doi

ani, a locuit mai mult în spital decât acasă. Venea slăbită, dar reușeam cumva să reechilibrăm lucrurile și pleca pe picioare. După două-trei săptămâni, apărea iar. Muntele de gingășie, soțul ei, căra cuminte hainele, sticlele de apă, săpunelul, hârtia igienică, prosoapele, pungile de pufuleți. I-am spus cândva că plăcerea asta măruntă nu-i face tocmai bine, că pufuleții au și sare, iar sarea agravează problemele inimii.

„Nu-mi luați și plăcerea asta, domnule doctor. Vă implor." Și am decis să nu i-o iau, primind dezlegare la o pungă pe zi. De fiecare dată o vedeam cum îi mănâncă, rupându-se de orice boală. Eu mă retrăgeam pe undeva și-i mâncam pe ai mei, rupându-mă de orice gând greu. Aveam suficiente.

Timpul a zburat pe deasupra lanului de porumb, gâdilând părinții pufuleților. La un moment, ne-am întrebat de ce nu mai apare doamna A. la spital. Existau două posibilități: fie se simțea bine, fie... Din păcate fusese a doua, pe care nici nu mai e nevoie să o specific clar.

Există o zonă din creierul nostru în care se fac asocieri interesante între anumite obiecte, mirosuri, imagini, culori, gusturi și persoane. Un anumit parfum îți pune vie în corp o iubire veche. Un mănunchi de margarete îți amintește de o alta și-ți împrăștie prin tine toate senzațiile și sentimentele de atunci. O pungă de pufuleți îți aduce în prim-plan o pacientă și o vezi clar, de parcă e lângă tine. O palpezi cu mâinile tremurânde, îi vezi echimozele, îi asculți suflurile cardiace și-i spui că totul va fi bine. Acea arie a hipocampului funcționează pe asocieri și povești, renăscând imediat trecutul, trăgându-l brusc în prezent, cu valuri de emoții.

Când mănânc pufuleți, îmi aduc aminte de doamna A.

48

Nimeni nu știa dacă domnul Reni mai trăiește sau nu. Cum nu-l mai văzusem nici măcar cu coada ochiului, eu aveam toate motivele să cred că-și luase tălpășița de aici. Curtea lui, la sfârșit de mai, avea un cireș uriaș, chiar în mijlocul bucății de pământ pline de buruieni. Gardul era făcut din rădăcini, tulpini, crengi, scânduri, toate prinse cu sârmă, funii, cabluri sau cuie. Rămânea o gaură măricică prin el, așa că planul de a culege niște cireșe era bunicel. Aveam să pătrund seara târziu în curtea guvernată de beznă, să merg aplecat până la pom, să mă sui în el cu cele mai mărunte zgomote și să rup liniștit câte cireșe putea ține tricoul. Cu Elis aproape, firește.

În stânga cireșului stătea o casă mică de tot, făcută din chirpici și dată cu pământ lipicios pe dinafară. Nu putea avea mai mult de o cameră. Nu vedeam niciun coș de sobă, nicio fereastră, nicio ușă normală. Părea mai degrabă o magazie de unelte.

– Ce faci aici, drăguțule?
– În primul rând, bună seara. Eram în trecere.
– În trecere? Prin curtea mea?
– Da. Nu aveam de gând să rămân aici.

– Și celălalt?

– Amândoi eram. În trecere.

– Ați venit să furați cireșe, drăguțule!

– Să nu mă bateți, atât vă rog. Sau să nu dați la ficat, că am tricoul plin de cireșe si e păcat de ele.

– Noaptea, mă? De ce nu ați venit să-mi cereți cu frumosul? Ce, nu vă lăsam? Păi eu nici nu pot să le culeg și se strică-n pom.

– Noi nici nu știam că trăiți. Cum era să vă cerem cu frumosul?

– Poftim? Mă credeați mort?

– Ca toată lumea. Nu v-a mai văzut nimeni de o groază de timp.

– Iată-mă acum, în carne și oase!

– E prea târziu. Nu e vina mea. Dacă știam din vreme, procedam altfel. Puteați să ne arătați că n-ați plecat pe lumea cealaltă.

– Dar am casă aici, măi!

– Aia e casă? Locuiți în picioare?

– E casa mea. E tot ce am.

– Îmi pare rău. Pot să plec, că tot am lămurit problema? Vă las cireșele aici, să le mâncați. Mi-e cam frică în întunericul ăsta.

– Cine era celălalt?

– Elis, de la casa înclinată.

– Aha. Lasă că mă duc eu la el.

– Să vă duceți. Așa mai vede lumea că sunteți viu.

– Te las să pleci, cu o condiție.

– Care să fie, mă rog?

– Mâine dimineață te duci să-mi iei pâine, că am rămas fără. Am cuvântul tău, drăguțule?

– Îl aveți. Pot să plec cu cireșele? Vi le-aș lăsa, dar mi-e că vă înecați cu un sâmbure și...

– Și mor? Păi nu sunt mort deja? Fugi de aici! Să vii mâine să îți dau niște bani înainte.

– Sigur. Mâine pe unde intru, tot prin gaura aia? Că n-am văzut nicio poartă.

– Intri pe unde vrei.

Puteam să nu mai pun piciorul niciodată acolo, că oricum luasem cireșele și plecasem teafăr, iar domnul Reni avea prea puține șanse să mă prindă prin altă parte. Cu toate acestea, ceva m-a atras, și nu sunt sigur că era dorința de a îndrepta o greșeală. Am dormit ciudat, cu o senzație amară în corp.

De dimineață, am tras bluzonul cu dungi albe și negre pe mine, blugii clasici, tenișii albaștri, apoi am pus pas după pas până la curtea ce părea părăsită. Cum poarta era plină de crengi, lanțuri și lacăte, de parcă nu mai fusese deschisă de un milion de ani, am decis că e potrivit să abordez aceeași intrare din seara precedentă, numai că acum nu mai eram hoț, ci un băiat civilizat. Cireșul își unduia cele mai mici ramuri sub vântul suav ce dădea frunzele la o parte, descoperind aromatele fructe roșii. Nu știam pe unde se ajunge la ușa casei, așa că i-am dat ocol; ușa era, curios lucru, în spate de tot. Bat de două ori.

– Care ești?
– Eu. Am venit să iau banii de pâine.
– Care bani?
– Pentru pâine. Ce am vorbit noi aseară.
– Aha. Hai, intră.
– Aici locuiți, asta e tot?
– Asta e tot, drăguțule. Nu am vrut niciodată mai mult. Nu prea am nevoie de lucruri.
– Domnule Reni, banii.
– Care bani?

Nu cred că acea cameră avea mai mult de doi pe trei metri. Tavanul era alb închis cu stropi gălbui, foarte crăpat, dar crăpăturile nu mai contau. Pereții fuseseră văruiți într-o culoare albă spălăcită, anostă. Pe podea erau multe cartoane, peste ele un covor îmbâcsit. În dreapta, fără vreun pat, era o saltea plină de pături și perne. În stânga, tot pe jos, erau haine și lucruri puse grămadă. Mirosea urât. N-am văzut televizor, radio, sistem audio, cuptor, sobă, mașină de spălat, chiuvetă. Nici măcar un bec. Prima dată m-am gândit cum poate locui acest om în acele condiții, fără dotări pe care le consideram minimale. A doua oară m-am gândit cum poate să treacă peste anotimpurile reci, când nu avea nicio sursă de căldură. A treia oară m-am gândit ce caut eu acolo.

– Mă duc acum și ne vedem un pic mai târziu.
– Să vii repede, că se răcește mâncarea.
– Ce mâncare?

– Pâinea. Pesemne e fierbinte acum. Proaspăt scoasă din cuptor. La fabrică.

Se întoarce, se apleacă greu, ridică un colț al covorului și lasă să se vadă ceva scris pe un carton. Banii. Săgeată. Haina gri. Buzunar. Se duce acolo și întinde câteva bancnote, pentru trei pâini. Trăia doar cu atât? Am luat banii și-am ieșit din camera cu aer închis, în care și lumina intra greu, că geamul mic era pus spre vest. Pe drumul până la fabrica de pâine, am încercat să fac niște legături. M-am gândit de când trăia așa, dacă mai avea copii pe undeva prin lumea asta, dacă lucrase ceva, dacă era sănătos sau avea vreo boală.

Am luat trei pâini calde și le-am pus într-o pungă de plastic. E greu să ai trei pâini calde în apropiere. Am ajuns înapoi cu două și jumătate.

– Aici sunt. Am luat ce mi-ați zis. Pot să plec acum?
– Cine ești tu?
– Eu sunt. Hoțul.
– Ce cauți tu aici, drăguțule?
– M-ați trimis să iau pâine.
– Eu?
– Da, dumneavoastră. Mi-ați dat și bani mai devreme.
– Aha. Da, bine. Gândesc mai greu, nu prea am dormit.
– Am plecat. O zi bună.
– Cum să pleci? Nu am terminat cu tine. Mai ai multe

de făcut până să-ți iert acțiunea mișelească.

– Multe? Nu așa am stabilit aseară.

– Dar cine mai știe? Eu uit repede. Ce, chiar ai fost să iei pâine?

– Da, e în mâna dumneavoastră stângă. Ies aburi din pungă.

– Ah, cum să nu, e aici. Încă ceva, și apoi te eliberez.

– Of. Bine. Fie.

Cireșul avea 65 de ani. De unde știa domnul Reni asta? Îl plantase la vârsta de șase ani, împreună cu tatăl său. Când plantezi un pom, trebuie să-ți introduci o mână în corp, până la nivelul inimii, și să rupi din ea o bucățică, chiar și minusculă să fie, numai să fie. Apoi o scoți și n-o lași mult în aer, că se oxidează și nu mai e bună. O privești cu un ochi deschis și unul închis și-i dai drumul în groapa săpată, lângă rădăcina pomului. Pui pământul repede, îl bătătorești cu palmele, asta după ce ai închis și ochiul deschis, să nu-ți intre praf pe sub pleoape. La fel faci și când pierzi pe cineva drag, numai că bucata de inimă e ceva mai mare.

– Uite, drăguțule. Am pe sub maldărul de haine de acolo, trebuie să scotocești bine, o cărțulie cu o poveste. Sper să mai fie bună, să nu o fi mâncat-o timpul. N-am mai citit-o de peste douăzeci de ani și acum nici nu mai văd ca să citesc. Mi-e dor de poveste. Mi-o citești deseară?

– Dacă o găsesc și dacă avem o sursă de lumină pe

aici, o citesc. Eu nu văd niciun bec, și fără bec nu am cum să citesc.

– Ne descurcăm noi. Mă apuc să mănânc. Să vii deseară să o citești, da? Apoi ești liber.

– La ce oră să vin?

– Oră? Eu nu mai știu ce înseamnă secunde, minute, ore, ani. Ți-am zis vârsta cireșului așa, pentru tine. Eu îmi zic că e aproape cât mine de mare. Sau de mic.

– În regulă. Vin mai târziu.

– Caut-o, că dacă nu e bună, nu mai ai pentru ce să vii.

M-am lăsat în genunchi și-am început să dau hainele vechi la o parte. Pulovere, pardesiuri, veste, geci cu căptușeală, toate erau amestecate pe jos. Le-am aruncat, una câte una, pe saltea, până am descoperit cartea cu o dungă aurie pe copertă. Micul Prinț, scria cu litere albastre. Nu auzisem de ea până atunci. Am pus-o la vedere și am aruncat hainele în poziția lor inițială. Pe mai târziu.

La zece seara am plecat de acasă, fără să anunț pe nimeni. În camera domnului Reni mirosea a fum de lumânare și-a nerăbdare. Îmi făcuse până și un fel de fotoliu din hainele pe care le lăsasem eu anapoda. Era o lumină plăcută, galbenă, de parcă avea în cameră doar pământ și spice de grâu strălucitoare.

– Înainte să începem, am o întrebare. Cum reușiți să trăiți aici?

– Trăiesc așa, din gând în gând.

– Mai am o întrebare. Iarna cum reușiți să vă încălziți?

– Mă învelesc cu toate poveștile din mine.

– Mai am una. O să vă supărați dacă fac greșeli când citesc? Cam am emoții. Și e text nou.

– Nu mă supăr. Stai pe haine și citește.

– Lumina nu prea e bună.

– Orice lumină e bună. Citește.

I-am citit și-au apărut pilotul, prințul, deșertul, vulpea, șarpele, trandafirul, planetele, stelele, lucrurile nevăzute, inima care înțelege. Domnul Reni a făcut uneori ochii mari, câteodată a oftat, de trei ori și-a dus mâna pe piept, de două s-a scărpinat pe tâmple, iar la final și-a șters lacrimile. Auzea povestea după atâția ani. Pe măsură ce citeam, tavanul se făcea albastru și picăturile galbene se aprindeau. Afară părea că un vânt ușor spulberă nisipul. Am înțeles atunci curtea pustie, cireșul, fântâna, pereții și tavanul, puținul în care trăia, gândurile multe, interiorul. Nu-i putea schimba nimic. Dacă l-ai fi extras de acolo, îl omorai. L-am vizitat de mai multe ori, chiar dacă nu mă obliga nimeni să fac asta. Intram prin gaura din gard, îi luam pâine și alimente banale, schimbam cuvinte sub punctele galbene de pe tavan și, din gând în gând, îi mai citeam povestea la lumina plăpândă a unei lumânări. Orice lumină era bună și mă adaptam, până când, într-o zi, nici măcar n-am mai avut nevoie de ochi pentru a spune povestea.

Când eram la liceu, domnul Reni a plecat printre punctele galbene. Mi-am introdus o mână în corp, până la nivelul inimii, și-am rupt din ea o bucată, să o las lângă el. Cred că i-a prins bine. Am păstrat cartea și n-am mai intrat niciodată în acea curte, prin gaura din gardul făcut din crengi, scânduri, sârme, cabluri și lacăte.

Aceasta a fost povestea cu domnul Reni, cel care putea să mă lovească în zona ficatului, zdrobind cireșele din tricou. A ales, în schimb, să mă lovească în zona inimii, fără ca măcar să mă atingă. Iar acea carte a devenit terapia mea, când treceam printr-o pasă mai proastă.

49

Bunica voia să sape o groapă în pământ, chiar în partea din față a curții, să o cimentuiască și să o umple cu apă. Avea planurile deja realizate, în cap. Dar ce ne facem cu frunzele căzute de la nuc, zarzăr și vișin? am întrebat-o noi. Îi punem un capac, ne-a răspuns ea. Dar acolo nu prea bate soarele, am continuat. Vă purtați de parcă nici nu vreți piscina asta, ne-a spus. Ba o vrem, am strigat noi în cor. O piscină lângă o casă veche de chirpici, pe o stradă plină de astfel de case, într-o zonă plină de oameni simpli și în marea majoritate săraci sau cu o stare medie, asta ar fi fost o opulență, dincolo de realizarea care avea în sine mari semne de întrebare. N-am primit nicio piscină. Bunica s-a gândit mai bine și a chemat o echipă de meșteri de la munte, construindu-ne o splendoare de foișor pe locul piscinei. Am urât acel foișor, pentru că ar fi trebuit să fie altceva; în viață, când ai mari speranțe și aștepți niște lucruri, tot imaginându-ți-le în minte, proiectate într-un mod ideal, iar ele se înfăptuiesc la un nivel mai jos decât cel ideal, ai automat dezamăgiri proporționale. Când însă aștepți ceva cu sufletul la gură și în locul acelui lucru apare cu totul altceva, nu știi cum să reacționezi. La început poți resimți ură, apoi, cu scurgerea zilelor, îți dai seama că nu-i rău deloc; apoi te atașezi de lucrul la care nici nu te gândeai; apoi îl îndrăgești; apoi îți dai seama că e chiar mai bine așa. Bunica era maestră în jocurile psihologice fine. Când am plâns văzând foișorul pe locul piscinei, ne-a dus în oraș și ne-a luat înghețate de vanilie cu bucăți de alune pe crusta din ciocolată. Înghețata vindecă orice.

Dragă inimă,

Încă mă amuz când îmi aduc aminte de șosetele migratoare ale domnului I. Era un magician desăvârșit, trebuie să recunoaștem.

Te deranjează dacă ne mai gândim puțin la acele momente?

Cu drag,
V.

50

Domnul I. stătea cu tricoul ridicat și cu abdomenul balonat la vedere. Șosetele erau pe noptieră, una neagră și una verde. Sub valul înalt de catecolamine din timpul gărzii, am vrut să mă joc.

– Sunteți un fenomen, un magician!

– Magician, eu?

– Da, da, dumneavoastră! Învârtiți realitatea pe degete. Unii o învârt pe degetele de la mâini, dumneavoastră o faceți cu cele de la picioare. Vă văd ambele șosete la locul lor. Întorc capul o fracțiune de secundă, una dispare. Fac o consultație și mă uit iar, cea neagră devine albă și trece pe celălalt picior. Magie!

– Pe cea albă era să o pierd.

– Nu pot să cred așa ceva!

– Dacă vă spun. Am fost aseară, tiptil tiptil, până la un prieten internat la etajul cinci, la chirurgie. Mă întorc de acolo și constat că-mi lipsește o șosetă albă!

– Incredibil. Rămăsese în salonul prietenului?

– Nici pomeneală. În lift am găsit-o. Numai că am revenit aici și mi-am dat seama că da, era o șosetă albă, dar era una mai veche, cu o minge de fotbal desenată pe talpă. Na drăcie!

– Păi și ce ați făcut?

– Am mâncat și m-am culcat.

– Ați putut să dormiți așa, cu conștiința încărcată?

– Una dintre cele mai bune reprize de somn! Mă trezesc eu, parcă ațipisem fără șosete, nici nu mai știu. Când arunc un ochi, văd șoseta pe piciorul drept. Colegul de salon îmi spune că a venit doamna de la bufet, special să livreze obiectul pierdut. Ce căuta ea acolo la bucătărie, dacă mă întrebați, să știți că nu am niciun răspuns.

– Dar e un echilibru restabilit acum, da? Sper că le aveți pe toate.

– Eu așa zic.

– Magicianul, iluzionistul fin, văd că are o viață aventuroasă, dar pacientul I., care mai e starea lui?

– Aici am unele neputințe. Abia respir, picioarele sunt butuc, cum stau puțin cu ele atârnate, cum se umflă. Mă ține tot corpul, nici nu prea pot să urinez de la blestemata asta de prostată. Noaptea e teroare, merg la baie și de zece ori, dar m-am obișnuit așa, e boală veche la mine.

– Inima e ca un balon în cardiomiopatia dilatativă. Abia se mai descurcă, trimite undeva la 17% din sângele care intră în ventriculul stâng. Din păcate, combaterea dereglărilor cere o muncă de sisif, evoluția este anevoioasă, dar o scoatem noi la capăt.

– Am răbdare. Mie oricum îmi place aici. Soția mea vine cam la două-trei zile. Lux. Unii măsoară altfel luxul, pentru mine ăsta e!

– Bine. Un singur lucru vă rog, să aveți grijă de șosete.

– Am eu, domnule doctor. Nu le scap eu din ochi și

din mână.

Le scăpa doar din picioare. O inimă ca un balon. E ultima etapă în insuficiența cardiacă, în care rezervele se pierd, mușchiul suferă, funcția contractilă devine tot mai defectuoasă, mecanismele de reechilibrare ale corpului generează un mare cerc vicios și totul se prăbușește.

Vă imaginați un picior care plânge? Nu, nu e o scenă ruptă din Salvador Dali, e chiar un picior care plânge, din cauza edemelor pronunțate. Pielea se rupe, apar ulcerații de stază prelungită, lichidul se prelinge și udă patul, papucii, podeaua. Lipa lipa. Așa avea picioarele și domnul I. Fie vorba între noi acum, la dumnealui plângeau mai multe lucruri. Mi-am adus aminte și de acea seară, în care am intrat pe vârfuri în salon și i-am văzut pe toți: doamna A. care trăia totul cu uimire, domnul N. care fusese cascador pe avioane, domnul V. care juca pe scenă în fața copiilor, doamna P. care mă ceruse de câteva ori în căsătorie, doamna M. care trăise jumătate de veac în nordul Franței și încă vorbea o franceză impecabilă. Doar fostul cascador al aerului a rezistat sub suflul puternic al timpului.

51

Poate că nici nu ai habar cât de norocos ești. Ai apărut aici și poți, cu trupul și mintea, să iei parte la lucruri incredibile. Primești în dar anotimpurile, fiecare cu deliciile sale; muntele, marea, câmpia, râul, vântul, ploaia, ninsoarea, nisipul. Un motan portocaliu cu zâmbet continuu pe chip sau un câine ce merge mereu crăcănat. O strângere în brațe. Un fior al revederii. Un sărut lung. Un peisaj de vis. O carte citită în tren. Simfonia picăturilor de apă într-o toamnă cu gutui la geam. O păpădie ce-și desprinde semințele sub suflul tău sincer. O bunică ce scoate cozonacul din cuptor. Un bunic ce strânge nuci în poală. Un copil ce râde în timp ce aleargă spre tine. O masă alături de cei mai buni prieteni. Un vin fiert și trei povești. Un album de fotografii vechi, răsfoit cu încetinitorul. O călătorie. O fugă după autobuz. O așteptare cu sufletul la gură. Emoția unei prime întâlniri. Alergatul prin iarbă cu picioarele goale. Împodobitul bradului. Desfacerea unui cadou. Cada plină cu apă caldă. Strângerea unor flori de câmp în cel mai frumos buchet. Scrierea unei poezii. Sentimentul iubirii albe. Privitul apusului și alte lucruri mărunte care contează atât de mult și pe care nu trebuie să le neglijezi niciodată. Să nu uiți cât de norocos și binecuvântat ești, în fiecare zi, că ai onoarea de a te bucura de toate acestea. Să nu uiți.

Se estimează că există pe planeta asta șapte miliarde și ceva de oameni. Fiecare aleargă după împlinire, liniște, iubire, fericire. Fix în această clipă, mii de femei devin mame și deschid lumina pentru mii de ființe noi; mii de oameni de toate vârstele mor în cele mai diverse moduri. E ciudat cum ne naștem toți în jurul a nouă luni și nimic nu ne garantează o anumită perioadă de viețuire. Putem dispărea oricând. Care e scopul aici, din moment ce suntem atât de fragili și atât de mici în raport cu lumea sau timpul? E o întrebare care a preocupat cele mai luminate minți ale vremurilor apuse și încă dă mari bătăi de cap. Unii spun că trebuie să atingem fericirea, de parcă ea e cocoțată într-un vârf de munte și ne apare înainte planul de a ne echipa bine și de a urca apoi, cu mari dificultăți, întregul munte. Alții susțin că tocmai muntele e fericirea, cu tot ce conține el pe parcurs, iar vârful nici nu mai contează. Sunt filozofi care au propus distanțarea de munte și admirarea lui din depărtări fizice și stoice. Nu există o rețetă ubicuitar acceptată și fericirea a devenit ținta principală a omului curent.

Sunt vulpi care nu ajung la struguri și spun că aceștia sunt acri. Sunt vulpi care ajung la struguri și constată că sunt fie acri, fie dulci. Dacă sunt acri, coboară din vie și le spun altora că sunt dulci, făcându-i să se urce cu mari eforturi, râzând de ei. Dacă sunt dulci, mănâncă puțini și apoi se plictisesc de același gust, îndepărtându-se. Există, ce-i drept, și vulpi un pic mai elevate. Ele ajung la strugurii dulci, îi storc, îi lasă să se transforme în vin și apoi îl beau cu plăcere, îmbătându-se. Ca oameni, trecem în viață prin toate aceste stadii de vulpe și nu prea știm să-l tratăm cu echilibru pe fiecare dintre ele. Fugim după fericirea zugrăvită de alții, ne lăsăm păcăliți de vorbele lor, ne lăsăm plictisiți prea ușor, cădem în extreme și ne pierdem capul. Sau inima.

52

Ne-am aventurat prea mult și ne-a prins un întuneric dens și rece. Mergeam greoi și, din timp în timp, inima începea să-mi bată repede, de teamă. Era o teamă ca de rătăcire, atât de aproape și totuși atât de departe de locul pe care îl numeam acasă.

– Crezi că mai avem mult?

– Până unde?

– Până acasă.

– Nu știu. M-ai întrebat asta de un milion de ori. E întuneric. Nici eu nu știu unde suntem.

– Te întreb întruna pentru că mi-e teamă.

– De ce anume?

– Mi-e teamă că nu mai ajungem. Poate lucrurile pe care vrem să le lăsăm în urmă ne prind și ne înghit.

– Nu lăsăm niciodată nimic în urmă. Luăm totul cu noi.

– În fine. Oare mai avem mult?

– Până unde?

– Până acasă.

– Mai avem. Nu știu dacă mult. E întuneric.

– Văd asta și eu. Mi-e teamă de întuneric.

– Să nu-ți fie. Întuneric e și-n tine.

– Crezi?

– Sunt convins. Nu are pe unde intra lumina.

– Nici prin ochi? Am citit undeva că prin ochi lumina ajunge la creier și de acolo în tot corpul se strânge.

– Dacă ai lumină-n tine, te rog să scoți puțină și s-o arunci spre drum, să vedem pe unde mergem.

– Nu poate fi scoasă. Ea iese când murim și devenim stele. Oare vom muri în seara asta?

– Nu. Că cineva sigur ne așteaptă acasă. Nu poți să mori când știi că ești așteptat.

– Crezi?

– Sunt convins.

– Parcă nu-mi mai e teamă acum.

De ajuns am ajuns, eu în casa în care mă aștepta bunica, el în casa lui înclinată, în care îl aștepta patul, să completeze puzzle-ul, lângă o mamă care nu ațipise, de griji. Ar fi vrut să-l bată, măcar din niște vorbe trântite de timpane, dar l-a văzut rupt de oboseală și a tras pleoapele, ca el să creadă că toți dorm și n-au băgat de seamă lipsa. S-a cuibărit acolo, luând forma unui S, că ăsta-i era locul.

Auzi, oamenii strâng lumină toată viața și o scot abia când dispar, devenind stele.

Dragă inimă,

Uneori îmi place cum se aranjează niște lucruri în viață. Alteori mă înspăimântă. Oare atragem noi totul? Oare sunt generate într-un fel anumite întâmplări pentru a ne învăța ceva și a ne ajuta în desăvârșirea noastră ca oameni?

Noi ne-am mai lovit de sincronicitate, dar în povestea cu Elis mă cam depășesc detaliile.

În fine. Bine că totul a fost bine.

Cu oarecare debusolare,
V.

53

Avea pleoapele umflate, mai ales cele de jos. Partea stângă a corpului era edemațiată intens de la retenția lichidiană. Buzele crăpate manșonau tubul de la ventilatorul mecanic, prin care aerul intra și ieșea, sub piuitul ritmic al aparatului. Era în comă indusă de șase zile.

Nu am să reușesc vreodată să înțeleg cum se aliniază niște lucruri în viață, cum se sincronizează o serie de elemente particulare și ceva face ca doi oameni să se întâlnească într-un anumit cadru care în mod normal pare puțin probabil. L-am văzut pe Elis în patul de terapie intensivă, umflat tot, în stare de inconștiență, în spitalul în care eu aveam stagiu. Ajunsese acolo cu o infecție severă care s-a dovedit a fi șoc septic, fără ca medicii să-și dea seama de locul infecției primare. Tensiunea arterială i se prăbușise, avea cateter central pentru administrarea substanțelor care trebuiau să-i țină tensiunea la valori cât de cât acceptabile sau să omoare bacteriile din corp. Și să scadă febra înaltă. Și să controleze cumva tahicardia, că inima îi bătea de 145 de ori pe minut.

L-am descoperit întâmplător, pentru că eram de

gardă și trebuia să intru în secția de terapie intensivă pentru a verifica starea unei paciente transferate de pe medicală. Ceva m-a atras în salonul alăturat celui în care era pacienta și-mi era greu să-l recunosc după modificările generate de statul în pat și tot tratamentul complex, dar m-am uitat pe fișa așezată pe o măsuță și i-am văzut numele. Răsfoind analizele, am văzut că leucocitele depășiseră 40.000 pe milimetrul cub, iar sindromul inflamator era uriaș, în ciuda celor trei antibiotice administrate simultan. "E într-o stare gravă, nu cred că mai scapă", mi-a zis colegul meu.

E într-o stare gravă, nu cred că mai scapă sunt vorbele care m-au urmărit toată garda. N-am putut să mai intru să-l văd a doua zi dimineața. Mi-am consultat pacienții și am plecat acasă, urmărind un nor solitar care semăna cu un cauciuc de tractor.

Lui Elis îi plăcea să stea într-un cauciuc de tractor, pe care îl sprijinea fie de zidul casei, fie de trunchiul unui măr. Stătea în el, curbat, cu pantalonii lui murdari de praf, cu tricoul lui preferat, alb cu o inimă roșie în partea dreaptă a pieptului. Îi plăcea atât de mult să stea în cauciuc, încât de multe ori adormea acolo. Dacă îl strigai suficient de tare, se trezea, se dezmeticea și sărea în picioare, dar rămânea curbat, trebuindu-i ceva timp până să-și atingă grația corporală. Cauciucul devenea piesă centrală a jocului nostru, împingându-l și încercând să-l ținem pe o cărare prăfuită. Dacă era chemat la masă,

Elis nu ocolea casa din spate spre fața ei, cum era firesc, ci intra direct printr-o gaură din peretele posterior, trecea dintr-o cameră nefolosită în hol și de acolo în bucătăria improvizată. Mânca repede, dornic să se întoarcă între noi. Își lua mereu și un colț de pâine și ieșea cu el în gură, prin aceeași gaură. La spital cred că stătea în acea cameră nefolosită, în semiîntuneric, speriat. Nu mai putea ieși, chiar dacă toată lumea îl aștepta.

În a șaptea zi, o radiografie pulmonară a arătat pneumonie masivă, în ambii lobi. O făcuse prin migrarea germenilor în torentul sangvin sau prin aspirație din cauza ventilării mecanice prelungite. Tensiunea stătea la 88 cu 43 mmHg, asta cu ajutorul norepinefrinei. Schimbaseră antibioticele cu altele deosebit de scumpe, luate pe o comandă specială făcută de spital. Urmau să-i repete analizele de sânge seara, așteptând o posibilă redresare a leucocitelor și a sindromului inflamator. Acum avea umflați și obrajii. Cateterul din gât nu mai ținuse și-i montaseră altul în coapsa dreaptă, făcând acolo un hematom impresionant. Au mutat cateterul pe stânga, chiar dacă edemul era mai pronunțat. A ținut.

După opt zile, tabloul biologic cuprindea leucocite pe jumătate față de determinarea anterioară, iar proteina C reactivă scăzuse și ea considerabil. Părea că se face bine. Era în continuare în comă, asistat respirator, cu infiltrat purulent în plămâni, în stare septică.

Mi-am adus aminte de călătoria pe câmp, când ne prinsese noaptea pe drum și nu mai știam dacă ajungem acasă. Nu eram sigur că cineva îl aștepta și asta nu-i dădea voie să moară. Poate se umpluse cu prea multă lumină. Poate nu era retenția lichidiană vina umflăturilor sale. Poate se pregătea să devină o stea mare de tot.

A noua zi a fost interesantă. Radiografia la plămâni a arătat focare ameliorate, semn că răspundea bine la antibiotice. În afara spitalului și a salonului de terapie în care stătea, viața se derula în ritmul ei obișnuit. Dramele se produc de regulă izolat și frumosul le manșonează, ca buzele strânse pe tubul ventilatorului. Lumea își vede de treburile ei, cerul poate fi albastru, iarba se poate curba sub adierea vântului, cauciucul de tractor poate aștepta cuminte, rezemat de trunchiul mărului. Am încercat să citesc o poveste de Oliver Sacks - el aflase că are cancer metastazat și încerca să se bucure de viață, să scrie în continuare, să meargă mai departe în ciuda prognosticului sumbru. Pe legea seriilor, am zis că e totuși prea multă tristețe și am lăsat cartea deoparte.

Când am revenit la spital a doua zi, Elis era mai dezumflat sau poate că doar mi se părea mie. Aveau iar probleme cu cateterul care se desprinsese și abia reușiseră să-l implanteze iar în gât, pe partea stângă. Analizele arătau mult mai bine și se punea problema dacă era oportun să-l trezească și să-l detubeze. Aproape de Paște, ar fi fost o suprapunere aproape miraculoasă. Ar fi ieșit din gaura din zid, cu colțul de pâine în gură, sub văzul meu, care îl așteptam să împingem iar cauciucul. Atât de aproape de moarte, nu cred că mai ești în stare să gândești rațional. Cred că anumite rețele neuronale devin inhibate sau supraexcitate, predispunând creierul la legături haotice, pe alocuri chiar magice. Așteptăm minuni, dincolo de orice gândire medicală. Sperăm intervenții misterioase care să reașeze constantele, iar dacă asta se întâmplă, revenim la gândirea noastră superrațională și ignorăm pur și simplu acele stări în care ne-am dorit suspendarea rațiunii. Dacă pierdem o persoană apropiată, în noi apar furtuni care ne pot distruge psihicul și organele. Nu acceptăm că am pierdut-o și o așteptăm să revină în orice context. Inima ne este sfredelită. Acceptăm cu greu realitatea și revenim la constantele noastre normale. N-aș fi vrut să trec prin așa ceva iar.

De Paște am anulat vizita acasă, la ai mei. N-ar fi avut niciun sens să plec, încercând să mă deconectez de la salonul de terapie intensivă în care stătea cel alături de care am copilărit. Nu conta că nu-l mai văzusem de ani buni și nu mai schimbasem niciun cuvânt cu el. Întâlnirea anulase orice gaură de timp. Pe Elis l-au detubat cu succes și l-au scos din comă. A mai stat șase zile în terapie. Am tremurat din toate încheieturile și măruntaiele când m-am dus să-l văd și mai ales să vorbesc cu el.

Ce se întâmplase? Lucra în străinătate la construirea unui hotel și starea lui a început să se înrăutățească.

Obosea repede, nu mai avea putere în corp, începuse să facă febră. S-a speriat și a simțit nevoia să ia avionul spre casă, fără să meargă la spitalul local. A ajuns în capitală și nici aici nu a mers la spital, ci a luat trenul spre orașul nostru natal. Acolo a încercat să se trateze acasă, cu medicamente banale și odihnă. La un moment dat a leșinat și l-au găsit ai lui pe jos, chemând ambulanța. La spitalul orășenesc, i-au pus perfuzii și au văzut că are o infecție în corp, fără să știe exact unde. Medicii nu au fost mulțumiți de evoluție și l-au transferat în capitală, găsind loc și primind acceptul de la spitalul în care eu aveam stagiu. Aici, după examinări tomografice repetate, nu s-a putut găsi sediul infecției. S-a suspicionat o endocardită, adică infecția valvelor inimii, dar ecografia nu era chiar concludentă și ar fi trebuit să facă una specială cu sonda introdusă prin esofag. Nu aveam așa ceva în spital și oricum intubarea și degradarea galopantă au temporizat orice încercare de diagnostic, impunând o antibioterapie complexă, empirică. De atunci, evoluția a fost ciudată, dar e ieșit bine. Elis avea să devină mai târziu stea.

Ne-am promis că vom păstra legătura, chiar dacă știam amândoi că nu vom face asta. El se va întoarce la munca prin ținuturi străine, iar eu îmi voi vedea de pacienți, gărzi și inimile altora.

54

“Cred cu tărie” e o expresie în care cred cu tărie.

Cred că toate lucrurile care s-au așezat în felul lor până acum mi-au deschis și ochii, dar mai ales inima. Au fost momente în care m-am văzut nevoit să abandonez gândirea rațională, deraind în cea magică. Povestea cu pacientul care vedea elefanți în spital pare ruptă din altă lume, o lume pe care o considerăm din start proiecție nebunească, dar am stat și m-am gândit bine. Avea o doză de frumusețe aparte, într-un cadru ce nu-mi dădea pace; nu știam dacă pacientul avea serioase tulburări psihiatrice sau poate era doar modul lui de a trece mai ușor prin viață. Poate era teribil de singur și așa au apărut elefantul, numerele, formulele, nepoata. Poate m-am grăbit eu să includ totul într-o tulburare la nivelul creierului - îl pot judeca pe un scriitor care generează o lume în jurul său? Oare Exupery n-a trăit toată viața cu Micul Prinț alături?

Cred că întâlnirea cu Elis, în mediul dramatic de la terapie intensivă, când avea corpul umflat și nu mai putea respira singur, n-a fost o simplă întâmplare. Avem nevoie de momente cu semnificație în viață, care să ne ancoreze mai bine în anumite idei sau să ne scoată din altele.

Iminent, părăsim unele povești și nu mai putem reveni la ele. Imaginea cu el în acel pat, cuplat la toate aparatele, mi-a trezit toate episoadele copilăriei. În neuronii mei, în zonele care atât de misterios se activează și aruncă viu amintiri ce păreau îngropate, s-au derulat amăgiri, în fond. Evoluția omului e plină de amăgire, pentru că ajungem într-o stare și mereu ne pare rău că am părăsit-o pe o alta. Conceptul filozofic al eternei reîntoarceri nu părea atât de palpabil pentru mine și mi-am zis că el rămâne un concept, nu o realitate. Da, m-am întors, chiar fără să vreau, dar știu că totul s-a dus. Când Elis s-a făcut bine, în primele zile de la decuplarea ventilatorului, abia putea să lege câteva cuvinte. Eu abia puteam să leg câteva vorbe, pentru că nu mai știam ce să-i spun. L-am îmbrățișat și-am lăsat tăcerea adâncă apoi între noi.

Cred că între inimi apar punți nebănuite și-n esență ele nu se distrug niciodată, chiar dacă timpul ne împrăștie, ne depărtează, ne schimbă, ne omoară. Mare parte din pacienții despre care am scris a dispărut. Îmi aduc aminte cum stăteam într-o seară la calculatorul din salonul de cardiologie, având în dreapta mea trei paturi, iar în stânga patru. Toate erau goale, fiind o perioadă în care pur și simplu nu aveam pacienți. În lumina slabă a salonului, cu coada ochiului, am văzut cum în paturi stăteau doamna A., doamna P., domnul I., domnul N., doamna M., domnul V. M-am speriat. Halucinam din cauza oboselii excesive sau îi proiectam calculat pe toți în paturi, ca să-mi aduc aminte de ei și de punțile rămase între inimile noastre, chiar dacă, exceptând-o pe a domnului N., toate celelalte erau oprite? M-am scuturat de câteva ori și imaginile au dispărut.

Cred că scrisul despre pacienți nu e o formă de a-i pune în ipostaze delicate, ci mai degrabă de a-mi arăta prețuirea și dorul față de ei. Am schimbat unele elemente ca să respect confidențialitatea, dar poveștile în procente copleșitoare sunt reale. Sunt poveștile cu care am mers înainte și, când m-am decis să le aștern pe hârtie, am simțit prioritar bucurie, chiar dacă majoritatea par triste. Pacienții mei au avut nevoie de mine și eu am avut mare nevoie de ei, pentru că altfel nu știu cum aș fi ajuns ceea ce sunt acum. Mă aplec cu umilință și dragă aducere aminte în fața tuturor.

Cred că tot ce am trăit poate fi aplicat în toate viețile care au fost și vor mai fi de acum încolo. Cu toții ne-am rătăcit cândva pe un câmp. Cu toții am urcat în turnuri, privind micimea lucrurilor de jos. Cu toții ne-am pierdut sau ne vom pierde bunicile, după cinci zile de stat în pat sau treisprezece ani. Cu toții ne-am speriat de un munte de om ce era de fapt un munte de gingășie. Cu toții am simțit inima galopând în preajma iubirii. Cu toții am trăit întâmplări cărora nu le-am găsit mereu explicații precise. Cu toții am văzut suferințe cu duiumul. Cu toții am fost apăsați de întuneric. Cu toții ne-am simțit fericiți, măcar pentru un grăunte de timp.

55

Când fratele ei a murit, i-am spus bunicii că e plecat în străinătate și din cauza aceasta nu o mai vizitează. Am vrut să o protejăm, de teamă să nu pățească ceva dacă ar fi aflat adevărul. M-am gândit cum, an după an, ea se tot aștepta ca el să vină de acolo, să o vadă. Se înțeleseseră foarte bine, încă de mici, chiar dacă erau frați vitregi. M-am gândit cum speranța asta poate că a ținut-o într-o stare acceptabilă, dar nu am ignorat nici posibilitatea că ea, pe undeva, prin niște cotloane interioare, știa ce se întâmplase. Simțea asta. Nu ne-a adus niciodată în discuție acest amănunt. Când mai întreba despre el și-i spuneam invenția, adopta o mină calmă, umilă, apoi schimba singură subiectul. Construisem o noemă care poate părea îngrozitoare, dar în condițiile date, o văzusem ca pe cea mai bună variantă pentru a nu suferi în plus.

Adevărul doare. Nu suntem întotdeauna pregătiți pentru el. Primim în viață frânturi de adevăr ca niște piese de puzzle și ne străduim să punem totul cap la cap, pentru a obține adevărul întreg. Nu reușim niciodată, pentru că sunt prea multe piese. Verva noastră în această construcție înseamnă și componente pe care le primim pe dos, le potrivim așa, de multe ori cu disperare, și ne dăm seama cu greu că ele strică tabloul general. Când le întoarcem, vedem că nici măcar nu erau de acolo și munca de sisif trebuie reevaluată.

Poate ar fi mai bine să punem piesele într-un borcan, dintre acelea cum avea bunica. Borcan cu uimire, cu calm, cu lumină, cu empatie. Să-i spunem borcanul cu adevăr și să nu vrem să potrivim piesă lângă piesă, ci să ne mulțumim că le știm undeva, puse bine. În universul acesta în care mișunăm cu toții, adevărul sperie. Uneori ni se ascund niște piese, și nu mereu pentru a ni se face rău. După un timp, mâna care a scos piesele din borcan desface capacul și le aruncă iar acolo, chiar dacă noi nu mai suntem. Asta e viața.

56

Era liniștită ca un lac aflat în sălbăticie. Mă lăsa cuminte să-i văd dedesubturile, lotușii, pietrele rotunde, tulpinile de copaci, țestoasele, broaștele râioase, toate ale ei, bune și rele. Avea apa atât de calmă și-n luciul cristalin mă observam uneori pe mine. Mă simțeam frumos, înflorit, desăvârșit. Și nu scoteam niciun cuvânt. Ea se uita cumva în ochii mei și-și vedea acolo lotușii, pietrele rotunde, tulpinile căzute, țestoasele fără de griji, broaștele râioase, dedesubturile ei bune sau rele. O înțelegeam și-n timpul ăsta ea se înțelegea pe sine, ca-n orice iubire refractară la timp. O observam și deveneam mai bun, mai calm, mai eu. Era liniștită ca un lac aflat în sălbăticie. Mă speria cumplit orice ploaie care putea rupe luciul apei, fără să-i percep adâncimea, fără să-i înțeleg conținuturile, fără să mă văd înflorit. Gândul ploii îmi tulbura toată mintea. Până m-a prins, nepregătit, cum ne prind toate lucrurile în viață. A plouat lung, rece, apăsat. Lacul ei fierbea, sângele meu clocotea. M-am pierdut și prezentul cu legătura ruptă subit m-a aruncat în nesiguranță. Apoi s-a întâmplat o suspendare a rațiunii. Fiecare picătură, fiică de ploaie, desena cercuri multiple și scotea o notă muzicală la contactul cu apa. Am înțeles că îi place să cânte în ploaie. Am realizat că, uneori, se umplea de mister și nu dorea să fie văzută, ascunzându-se sub apa din cer. O iubeam și așa. Apoi redevenea calmă și frumoasă ca un lac aflat în sălbăticie. Iar eu nu-i mai căutam dedesubturile, nu mai voiam să mă văd în luciul ei, ci doar să fiu acolo, aproape de ea, în clipa prezentă. Sunt lucruri care trebuie ascunse vederii. Sunt lucruri care trebuie ascunse cunoașterii. E mai bine așa.

57

De Paști am ales să nu am nici drob, nici cozonaci, nici friptură, nici ouă. Dar am avut liniște. Am stat în ea mult și bine și mi-am dat seama că inimii mele i-a lipsit totuși ceva. Nu știam la început ce, apoi m-a gâdilat un gând. Pe undeva, prin ea, ținea o poveste de demult și-ar fi vrut să o mai guste o dată, chiar cu toată tristețea.

În urmă cu trei ani, eram de gardă, chiar în ziua de Paști. Mă așteptam să fie lejer, dar aveam câteva cazuri grave pe secție, iar oamenii s-au prezentat cu duiumul cu tot felul de afecțiuni, preponderent digestive. La masa oferită de spital aveam inclus și-un ou albastru.

Un domn cu o vasculită severă fugise din ATI și voia înapoi într-un salon obișnuit. Avea ischemii periferice și zone sângerânde, umplând cearșafurile de pete. Spunea că se sinucide. Nu mai știam ce să-i facem și cum să-l liniștim. Ne-am luptat cu el toată garda, iar spre seară, colac peste pupăză, a început să stea pe tensiuni foarte mari și a intrat în edem pulmonar. L-am stabilizat cu greu și i-am rămas aproape toată noaptea.

Spre dimineață respira bine, dar starea îi era gravă

pentru că mâinile și picioarele pierdeau din țesut, din sânge, cu dureri groaznice. În tot acel tablou, când să schimb garda, pacientul s-a ridicat în șezut și m-a întrebat dacă vreau să ciocnim ouă, că îi adusese soția câteva. I-am zis că da, și-am fugit să iau oul meu albastru. Nu știu cum îl pusesem pe o masă, că, luându-l în mână, am observat că e crăpat. Poate așa mi l-au și adus, nu mai știu.

Am luat oul albastru și m-am dus în salonul în care era doar pacientul. El și-a ales un ou ascuțit, roșu. Pe moment, i-am spus că dacă va ieși învingător, se va face bine și va pleca acasă în câteva zile. Vârf în vârf, mi-a spart imediat oul. A zâmbit. L-am atins pe umăr, m-am uitat la ochii lui, la patul răvășit, la fereastra prin care soarele trimitea deja raze calde spre noi. Mi-am luat la revedere și am plecat.

Nu s-a mai făcut bine. Pe undeva, știam asta, că boala era prea grea. S-a întors în ATI și, în câteva zile, a plecat într-un fel acasă. M-am gândit că, măcar a doua zi de Paști, după ce ieșise învingător la spartul ouălor, o bucată de optimism s-a cuibărit în el și i-a făcut ziua un pic mai frumoasă.

Inima mea nu uită nicio poveste. Unele sunt cumplit de triste, dar mergem înainte așa, știind că, pe undeva, am reușit să alinăm din niște suferințe. Măcar un pic.

58

N-am avut de multe ori noroc în viață. Cel mai mare noroc s-a întâmplat când am îmbrățișat deschis cariera de medic și mi-am primit, de-a lungul și de-a latul anilor, cele mai frumoase lecții. După o gardă grea în care întâlnesc tot felul de oameni ce-mi dezvăluie bucăți din poveștile lor, îmi mai trântesc câte un “cât de norocos sunt!” și chiar simt asta: am cea mai frumoasă meserie din lume.

Ca medic, mi-a fost dat să stau pe vârfuri, precum o grațioasă balerină, în spațiul îngust ce separă viața de moarte. În acel spațiu, timpul se poate reduce la câteva secunde care fac diferența; comprimi toată experiența ta, tot ce ai învățat, acționând cu precizie sau grosier, depinde de moment și condiții, pentru a salva un om. Reușești și te bucuri nespus. Pierzi lupta și plângi în tine și peste tine, conștientizând că există pe undeva o entitate mai puternică în fața căreia trebuie să rămâi mereu umil.

Am învățat în ultimii ani de medicină de urgență sau consultații mai liniștite care au legătură mai mult sau mai puțin cu inima, ce înseamnă parcela asta prinsă între două întunericuri, cel dinainte de naștere și cel de după moarte. Se trăiește greu, greu de tot și se moare ușor, ușor de tot. Am crezut, într-o naivitate care s-a mai ameliorat pe alocuri, că suferința dată de boală sau de orice altceva unește oamenii. Nu e nimic ubicuitar aici. Sunt parteneri care se despart după ce unul se luptă cu cancerul sau cu o depresie. Sunt oameni care își abandonează părinții sau copiii prin spitale sau cămine, într-un egoism suprem.

Mi-am spus cândva că cele mai frumoase lupte în viață sunt cele pe care le dăm pentru alți oameni, că așa primim satisfacții de neegalat și chiar reușim să atingem ceva ce pare fericire, care după mine include și bune, și rele. Asta pare să fie funcțională la mine și cred că la orice coleg medic, prin actele terapeutice pe care le facem pentru pacienți. Îmbrățișez ideea și-n viața personală, unde cred că iubirea include și lupte multiple.

Nu moartea ne desparte cu adevărat, ci chiar viața, cu toate nimicurile ei, cu orgoliile prostești, cu actele de lașitate, cu iluzia unei atingeri de stări superioare când prezentul ne arată câteva neajunsuri și apelăm imediat la fugă. Pierderea unui om ne oferă o resetare emoțională, o descărcare benefică, o reașezare la o masă cu propria persoană, reconsiderând niște lucruri – ne dăm seama că trebuie să mergem înainte și știm că vom păstra mereu în noi omul plecat doar cu trupul. Ne dăm seama că viața e frumoasă, dar se termină. Se va termina și pentru noi, cândva. La ce bun toate distragerile mărunte, abandonurile, ura perpetuă?

Stau pe vârfuri în acel spațiu restrâns și mă gândesc la toată încărcătura psihologică a meseriei mele. Dacă reușesc să salvez un tânăr, îi las deschisă toată viața înainte. Dacă salvez un bărbat de 95 de ani, îi las câțiva ani, câteva luni sau poate câteva zile, dar cine poate decide care bucată de timp e mai importantă? Dacă pierd pe cineva tânăr, răvășesc multe alte destine. Dacă pierd pe cineva în vârstă, nimic nu generează mai puțină suferință. Din poziția mea deloc comodă, sunt observator de povești și modelator de călătorii. Dar nu știu niciodată ce fac ei după. Nu știu dacă se bucură altfel de tot când se întorc acasă. Nici nu știu unde se întorc. Îmi imaginez că toți se schimbă și trăiesc cu bucuria în inimă tot timpul rămas.

Am norocul, dincolo de durere și suferință, să pot percepe altfel orice înșiruire de detalii, fenomene, întâmplări aparent întâmplătoare. Curge prin mine o empatie aparte și știu că nu voi putea niciodată să ating ataraxia, detașarea rece, cu rol chipurile protector; nici n-ar fi bine așa. Vreau să rămân ancorat în poveștile pacienților, alături de luptele lor, de durere și suferință. Vreau să gust din momentele de liniște, de reușită, de învingere a bolii sau chiar a morții.

Vreau să rămân în locul imprecis delimitat, din care pot să le spun cu o oarecare autoritate tuturor să-și trăiască viața cât mai bine, cu grijă, iubire, recunoștință, moderație, uimire, apropiere, lupte, curaj. Atât cât e ea.

Din punctul în care am stat pe vârfuri de multe ori am observat că se moare extrem de ușor.

59

Cum am trecut de treizeci de ani, m-am retras pentru câteva zile în Budapesta. Stau în bucata din Buda care privește spre porțiunea vecină dintre parlament și insula Margaretei. Pe Fou utca, clădirile vechi sunt bătute de soarele puternic al lui iulie. Respir cu greu aerul fierbinte. Trec în curte și mă lovește o răcoare nefirească. Pe jos sunt două mingi, una de fotbal, din piele vopsită galben, și una de handbal, din cauciuc vopsit roșu. Sunt două suporturi mari pline de flori și alte ghivece, aranjate spre peretele din stânga. Clădirile cu șase etaje sunt lipite și descriu în mijloc un dreptunghi; au balcoane lungi spre curte și sus se vede cerul. La balcoane sunt flori, biciclete și obiecte de decor. Apartamentul e de fapt o garsonieră modificată, un hol primind pe niște grinzi din lemn un pat pe care urci folosind o scară îngustă. Camerele au aproximativ patru metri înălțime și, chiar dacă nu există aer condiționat, se păstrează răcoroase. Apartamentul e un amestec de vintage cu modern și-mi place treaba asta; fereastra din living te lasă chiar să vezi Dunărea.

O iau pe jos pe Podul cu Lanțuri și mă izbește mirosul apei. E același miros pe care îl simțeam în copilărie, când mergeam la scăldat. Creierul îmi trimite niște impulsuri prin corp și inima îmi dă de știre că există în piept. Apa asta, îmi zic, ajunge peste câteva zile în locurile în care eu am crescut. Fix apa asta. Trec pe lângă Parlament și o iau spre Derek, apoi stau în impas dacă să continui pe fandositul Andrassy sau pe mai liniștitul Kiraly. Aleg al doilea bulevard și îmi stă gândul la castelul din parc. Pe stânga, aproape de piața cu coloane, găsesc un restaurant chinezesc și intru să mănânc ceva. La ultima masă din capăt, doi domni si o doamnă brunetă, pe la cincizeci de ani toți, trec printre buze bucăți aburinde de pui. Cred că aveau cincizeci de ani, e dificil să estimezi vârsta chinezilor - la fel de bine puteau avea 326 de ani. Înăuntru e zăpușeală; îmi iau pui picant și orez cu ceva legume și ou. Mă uit fascinat la decorațiunile roșii și-mi vin gânduri despre cultura fascinantă a chinezilor.

Oare ei sunt galbeni pentru că mănâncă nuci și se murdăresc pe tot corpul desfăcându-le? Nu, chinezii nu consumă nuci încă nefăcute. Ei sunt așa de la sosul de soia, care seamănă cu sosul de nucă plin de iod, numai că te colorează dinăuntru spre înafară, nu invers. Cel puțin așa cred în zăpușeala aceea.

În ce liniște mănâncă familia cu toți membrii ei de 326 de ani. Nu vorbesc la masă. Stau aplecați spre farfurii și sunt concentrați pe ducerea furculițelor spre gură. Furculițe, că bețe nu au. E greu să le mai mânuiești la 326 de ani - iată un detaliu care îmi întărește argumentul cu vârstele greu de ghicit.

Interesant lucru. Înainte să decid călătoria în Budapesta, am visat că eram un puști și trăiam într-o casă veche, așezată lângă alte case, toate lipite între ele, având o curte interioară. Erau înalte și, când ridicam capul, vedeam un cer albastru, pe alocuri străbătut de nori care luau forme populare: animale, chipuri, obiecte. În curte băteam singur o minge și o trimiteam cu piciorul în peretele unui apartament în care stătea un bătrân scriitor. Eram un ciudat, în sensul că mă izolam într-un univers numai al meu. M-am împrietenit cu bătrânul cu păr alb și ochi albaștri, începând să-i povestesc despre lumea mea. Și-a dat seama, după lungi discuții, că aveam toate ingredientele pentru a ajunge scriitor.

Trezit din vis, m-am gândit dacă voi ajunge vreodată scriitor. Nu în niște tipare impuse, ci un om capabil să ducă la bun sfârșit măcar o carte, ceea ce implică un travaliu extraordinar. Probabil că până la vârsta de 326 de ani voi reuși. Nu sunt ferm convins, dar există unele speranțe. Cred că sunt surori cu speranțele care stau încă în cutia metalică a bunicii, la care mai umbla pentru a ne da niște bani, să ne cumpărăm ce poftim.

60

Timpul a zburat în voia lui, iar eu, eu am zburat spre trecut, într-o reîntoarcere în care suntem cuprinși cu toții.

– Am venit să iau puloverul portocaliu.

– După atâta timp?

– Da. Îmi ținea noroc și cum am avut numai ghinioane în ultima perioadă, m-am gândit că…

– Noi n-am mai schimbat niciun cuvânt de atunci.

– Știu. Sunt jos. Îmi deschizi?

– Nu-ți deschid deloc.

– Aruncă-l pe geam atunci și încerc să îl prind.

– Ești nebun.

– Bineînțeles că sunt. Îl arunci?

– Nu arunc nimic.

– Atunci lasă-mă să urc. Deschide.

– E cheia în același loc. De-asta am zis că eu nu am de ce să-ți deschid. Hai.

Am ridicat ghiveciul mare, am luat cheia, am introdus-o în butuc și ușa s-a predat imediat. Am trecut prin holul întunecat, până la scara spiralată. Cumva, o parte din creierul meu a tresărit, umplându-mă de amintiri ce păreau atât de vii că aproape le puteam atinge.

Am intrat la ea, într-un amestec dulce de prezent și trecut. Mirosea a vanilie.

– E cam la fel ca atunci.

– Asta e de bine sau de rău?

– Nu contează. Îmi dai ce am lăsat aici?

– De ce tocmai acum?

– Nu știu. Așa mi-a venit.

– Vrei ceai?

– Cireșe cu vanilie?

– Preferatul tău.

– Nu mai e preferatul meu. Nu vreau. Unde e?

– Pe canapeaua albastră.

– Aha. Unde mă trimiteai să dorm când ne certam din nimicuri.

– Ce proști eram.

– Eram, să știi. Și cearta mare tot din nimic a pornit.

– O mai ții minte?

– Normal. Am zis că plec și nu mă mai întorc niciodată.

– Iar eu ți-am zis că, într-un fel sau altul, te vei întoarce. Ne întoarcem la niște momente aparent trecute în viață, de multe ori nici nu ne dăm seama.

– Mă rog. Pot să iau puloverul și să plec?

– Sigur nu vrei ceai? Hai să stăm puțin în bucătărie.

– Fie.

– Vezi că și tabloul ăsta a fost al tău. Îl vei lua și pe el?

– Mă mai gândesc. Ador portocaliul. Cred că de asta îmi plac și vulpile, cum e cea din tablou.

– Și bolul cu bețe de vanilie tot tu l-ai cumpărat.

– Știu. Îl desfăceai și-l miroseai dimineața. Apoi făceai cafea sau ceai și mă trezeai să vin lângă tine.

– Încă ții minte.

– Și-ți spuneam că ador să bem din aceeași cană de cafea. Că simt cumva că noi doi consumăm aceeași viață.

– Realizezi cum a trecut timpul? Ce ai făcut toată perioada asta?

– Am rătăcit prin alte povești din care n-am rămas cu mare lucru. Sau poate că am rămas, nici nu mai știu.

– Cum e ceaiul?

– Perfect, ca de obicei.

– De ce ai venit?

– Pentru pulover. E al meu. Ți-am zis că-mi purta noroc.

– Atât?

– Atât.

– Bine. Poți să îl iei. Succes pe mai departe.

M-am ridicat și am făcut doi pași spre fereastră. Era atât de frumoasă, cu umerii descoperiți, cu părul dat într-o parte, cu buzele umezite de ceai. Mirosul de vanilie mă trăgea și mai mult în trecut; sau aducea tot trecutul peste mine. Peste noi. M-am dus spre living, acolo unde haina mea chipurile norocoasă era așezată pe canapeaua albastră.

– Credeam că ai plecat.

– Imediat. Nu știu cum să-l iau.

– Îl poți trage pe tine.

– Asta clar, dar ceva mă ține în loc.

– Mai vrei ceai?

– Am băut deja aproape o cană.

– Nu încă o cană. Mai multe. Zile, luni, ani la rândul. Vrei? Să bem amândoi, să îmi spui povești, să mă ții în brațe, să te mai trimit pe canapea, așa, pentru mici diversificări, dar niciodată să nu mai pleci. Vrei?

M-am apropiat timid de ea. Îmi lipsise atât de mult. Ce prost fusesem în orgoliul meu! Cum zboară timpul și cum rămân lucruri neterminate în oameni. Cum întoarce viața unele drumuri. I-am atins fața. Tremura. I-am prins spatele cu putere și am topit toată depărtarea dintre noi. Tot spațiul și tot timpul, acei ani. I-am sărutat buzele. Mirosea toată a vanilie.

În viață, totul se întoarce. De multe ori nici nu ne dăm seama cum.

Dragă inimă,

Cred că am lăsat fereastra sufletului deschisă. Mi-e frică să nu-și facă de cap apa ploii, înnecându-mi și micșorându-mi amintirile și sentimentele pe care le-am strâns cu chiu, cu vai. Sau poate să intre cineva străin și să-mi fure din ele. Sau, mai rău, cineva prieten.

Poți să o închizi tu, te rog?

Cu mulțumire,
V.

61

Nu găsim drumuri și poduri făcute de-a gata în viață. Ducem în spinare coșuri pline de cărămizi, mortar, nisip, unelte. Ne construim cărările din mers și suntem atât de concentrați la procesele astea epuizante, încât nu prea mai vedem nimic din jur. Avem impresia că facem drumul cu suferință pentru a-l putea apoi străbate de la început, cu mâinile în buzunare, fluierând și admirând toate frumusețile aflate lângă el. Nici nu apucăm să realizăm când trece timpul și terminăm toate materialele din coșul pus în spatele nostru. Bezmetici, obișnuiți până-n cel mai adânc reflex cu mișcările de a duce mâinile în coș și a plămădi o cale bună, începem să rupem din noi pielea, carnea, oasele, până devenim chiar drumul. Și el rămâne neterminat și nu va fi luat de la capăt, cu mâinile în buzunare, fluierând.

Cine poate ridica un pic capul, privind în jur în timp ce transpiră, plânge și trudește, găsind o mică bucurie, un răgaz, gustând o poveste, respirând adânc în liniștea unei nopți de vară, ștergându-și un ochi cu o mânecă murdară, realizează că totul e viață-mprejur. Nu există suferință continuă sau fericire perpetuă. Drumul e un proces fără oprire, dar în el se pot găsi și bucăți bune, dacă cine-l face nu se consumă în totalitate cu construcția. Predarea activă în fața unui proces de așezare de dale, cărămizi, nisip și mortar e-n stare să treacă cu ușurință într-un plan secund. Fără dubii, ne vom aduce aminte tot timpul ce facem fără oprire, într-un fundal al viețuirii, dar peste asta putem acumula orice altceva, câtă vreme nu ne lăsăm copleșiți de gândurile că raportul nostru cu viața e unul fragil, care se petrece clipă de clipă, se face de novo, cu mare consum de energie. Busola din noi e și ea imperfectă, ca o conspirație a universului ce leagă mereu lucruri de lucruri, oameni de oameni, povești de povești. Ne poate duce prin locuri în care am mai fost cândva; cei care au îndrăznit să ridice privirea, să facă și altceva, vor recunoaște unele elemente și vor fi copleșiți de amintiri. Toți ceilalți vor continua anost, în căutări de destinații.

Cele mai frumoase lucruri în viață sunt cele care nu pot fi măsurate. Nu-ți poți măsura drumul, pentru că asta ar însemna să te oprești și să te întorci spre începutul tău, acțiune care nu-ți e permisă. Nu te poți nici desprinde de drum, privindu-l și estimându-l de la o oarecare distanță. El rămâne așa, întortocheat, cu urcușuri pe munți grei, coborâri prin văi adânci, treceri prin zone cu ciulini, alunecări peste gheață, înaintări pe lângă ocean, prin nisipuri fierbinți, prin bine și rău, alb și negru, rece și cald, liniște și vacarm. Totul e viață și-n tot procesul acesta devii mai tu ca niciodată.

62

Pluteam, simțindu-mă extrem de ușor, dus pe valuri de timp. Râul lui putea fi privit de sus sau de jos, observând cum se umflă singur, fără să primească vreun afluent. Ciudat lucru. Numai la râul-timp se întâmplă astfel.

Am găsit orașul tot așa cum îl lăsasem, sau mai bine zis cum mă lăsase să plec. Era întunecat, apăsat, rece. Am trecut prin el și-am vrut să văd dacă se schimbă ceva în mine sau măcar în jurul meu. O doamnă și-a ridicat căciula de pe frunte și a intrat în magazinul de pâine, trântind ușa. Nu, nu se schimbase în esență nimic. În aparență, prea puține.

Turnul nu mai avea ferestrele întregi. Îmi imaginam ce zgomot și curent trebuie să fie acum acolo sus, fără ca asta să mă mai atragă în vreun fel, ci invers. Ca să măsori un lucru, trebuie să ieși cumva din el. Poți ieși din el retrăgându-te la o distanță potrivită sau te poți ridica la o înălțime considerabilă, de unde să cântărești totul. Dar nu uita: cele mai frumoase lucruri în viață sunt cele care nu pot fi măsurate. Turnul îmi oferea cândva detașare prin înălțime, când cuprindeam între degete bucăți mari de oraș. Era un izvor de liniște, în care mă puteam regăsi în momente agitate. Acum nu mai era nimic.

Nucul meu dădea mai mult în stradă, un spațiu care nu aparține vreunui om anume. E spațiu public. Prin urmare, oficialii au cerut ciuntirea lui. Ai mei s-au conformat și au tăiat din pom, lăsându-l numai o umbră a ceea ce fusese cândva. Când am ajuns acasă, n-am mai recunoscut nucul. Fie eu crescusem prea mult și mă schimbasem prea tare, fie el se micșorase prea mult și se schimbase prea tare. Mi-am privit palmele albe și am ghicit în ele vremurile vechi în care eram colorat în galben, cu amintiri ce se răsucesc în Cornul lui Amon și sunt în stare să dea peste cap tot corpul în unde de fiori și nostalgie.

Casa lui Elis era la fel de prăpădită. Schimbaseră doar gardul. El o mai fi acasă? Pesemne că nu. N-am îndrăznit să strig sau să intru.

Curtea lui Gigi era goală. Pe culmea metalică era agățată o pereche de pantaloni, de parcă timpul voia să se joace cu creierul meu. Sunt convins că dacă izbucnea atunci un foc sau se spărgea vreo conductă, el ar fi apărut cu mișcările sale coreice și ar fi orchestrat intervenția, salvând lumea. Un om moare cu adevărat când nu se mai gândește nimeni la el.

Ne întoarcem, de multe ori fără să ne dăm seama, la

toate lucrurile din trecut. Chiar așa spunem: parcă am mai trecut pe aici. Nu mai vedem nimic la fel, pentru că și trecutul nostru se schimbă sub evoluția noastră în timp. Creștem și tot ce se găsește în noi se transformă. Orașul, turnul, nucul, curțile, toate erau proiecții ale unor imagini pe care speram să le găsesc într-un fel anume, sau ele să mă găsească pe mine într-un fel anume. În realitate, ele sunt elemente generatoare de stări, triggere care răscolesc creierul și dau reacții chimice pe măsură, rearanjând trecutul, transformând amintirile. Nicio amintire nu rămâne veche și izolată. Toate se modifică în timp. Călătoriile retrospective sunt aventuri introspective, în care sperăm să descoperim lucruri noi. Se spune că în trecut nu pot exista lucruri noi, e antagonism. În realitate, orice trecut e plin de nou, pentru că reperele se schimbă și analizorul este o persoană ancorată în prezent.

Mi-am văzut de ale mele și m-am întors în orașul mare.

63

Într-o gardă m-am gândit la bunica și la supa ei cu găluște. M-au trecut toate emoțiile. Am avut atâtea prezentări și solicitări încât n-am apucat să mănânc nimic până la șapte seara.

În cardiologie, doamna A. mi-a oferit o pungă de pufuleți, cum făcea de fiecare dată. I-am mulțumit și am lăsat-o pe pervaz. Dincolo de geam, niște porumbei își făceau cuib chiar lângă aparatul de aer condiționat. M-am uitat la ei și m-am dus la chirurgie, că aveau un salt hipertensiv. Pe seară, infirmiera m-a anunțat că mi-a lăsat mâncarea în camera în care se mai retrage medicul de gardă. Prânzul și cina. Erau copane de pui, piure de cartofi, salată de varză, cașcaval pane și o supă. O supă cu găluște. Exact cum făcea bunica. M-am rugat să nu mă deranjeze nimeni, să apuc să o mănânc în liniște, coborât în amintirile mele. Așa a fost.

După supă, am mai pendulat între gardă și secții, cu cafeaua mea mare în mână. Dimineața m-a certat doamna A., că mi-am uitat pufuleții pe geam. A zis că alții nu-mi mai dă. Dar mi-a dat, în fiecare zi câte o pungă.

64

Ne naștem fără să avem habar de noi, de viață sau de moarte. Plutim în jocuri și culori, alternând realitatea cu imaginariul. Respirăm un aer care ne ajută să trăim, dar tot el ne și deteriorează celulele. Avem gânduri care ne ajută să funcționam, dar tot ele ne erodează pe dinăuntru. Pielea noastră, la început de catifea, devine tot mai zbârcită; un rid pe frunte, altul lângă ochi, unul aproape de gură și tot așa. Apoi vin petele, ca o rugină a trupului oxidat de timp. Părul albește, la unii mai devreme, poate proporțional cu gândurile nocive. Inima, născută înainte chiar lângă creier, coboară ușor spre piept și rămâne să bată acolo, lovind toracele cu vârful ei. De regulă tot bate și nu-i răspunde nimeni. Nu-i deschide nimeni ușa să-i spună da, dragă inimă, te ascult. Spune-ți oful sau, mai bine zis, ofurile. Te ascult. Spune tot ce ai pe suflet. Dar nu, ea ciocăne incontinuu și degeaba. Dacă i-am răspunde, fiecare dintre noi, deschizând și o portiță, cu doi milimetri doar mai mare decât conturul ei, să iasă fără probleme, am vedea-o cât e de nebăgată în seamă, singură, suferindă. Iar de acolo ni se trag multe altele. Alunecăm prin spațiu și timp, chestionându-ne care este sensul vieții. E unul singur, de la apariție la dispariție. Moartea poate fi simulată de multe ori pe parcurs. Ne pregătim temeinic pentru ea. O considerăm rece, dură, groaznică, dar habar nu avem dacă e așa. Poate viața ar trebui să fie o lungă și dulce pregătire pentru moarte. Și sensul nostru aici, mai bine zis rostul, este să avem grijă de noi, să ne cultivăm, să ne descoperim, să ne iubim, apoi să avem grijă și de cei de lângă noi. Oamenii au punți invizibile între ei. Suntem mai conectați decât credem. Anulând o serie de particularități, suntem interfețe un pic schimbate ale aceleași entități și-ar fi păcat să cădem în invidie, ură, violență, nepăsare. Viața e un cerc pe care se animă alte cercuri. Repetăm anotimpuri, iubiri, greșeli. Devenim mari și totodată rămânem mici. Ajungem la capăt - ce noțiune absurdă și incertă ca plasare - nu mai avem niciun antidot pentru timp, trebuind să părăsim scena. Dacă am strâns în noi suficiente povești, dacă ne-am prețuit și-am rupt bucăți bune pentru ceilalți, detașarea va fi naturală, merituoasă chiar. La final, pentru ultima oară, ne putem scoate inima din piept prin acea portiță, mai largă doar cu câțiva milimetri. Vom privi-o și-i vom spune: eu am îmbătrânit, tu ai rămas tânără. Ești plină de povești frumoase. Te-ai legat pe vecie de alte inimi care nu te vor uita niciodată. Apoi inima nu va mai intra în corp, ci va merge direct în raiul inimilor, de unde va primi un înconjur nou și se va întoarce imediat în încă o fâșie de lumină prinsă între două bucăți de întuneric. Adică chestia asta de-o numim viață.

65

mă gândesc
să-ți pun inima in cap
și creierul în piept
să mă așez cu urechea pe tine
să simt cum îți bat gândurile
să faci o mulțime de prostii
iar eu să te întreb uimit
ce e mă în capul ăla al tău?
iar tu să îmi spui jucăușă
o inimă e
o inimă
pe care cumva ai mutat-o
mai aproape de al nouălea cer.

66

Doamna D. avea 54 de ani și un chip de icoană bizantină. Nu, nu e un demaraj literar în forță, cu o metaforă aproape biblică, ci o exprimare medicală. Sau mai bine zis, asemănătoare celei medicale, pentru că formularea corectă este „facies în icoană bizantină". Explicația e cât se poate de simplă și cumplită în același timp: din cauza unei boli care se cheamă scleroză sistemică, țesuturile i se strângeau și o făceau captivă în propriul trup, ca într-o cușcă. Pielea pe față și pe corp se strânge, esofagul se închide și abia mai lasă să treacă mâncarea, plămânii își pierd componenta de susținere, inima suferă și ea. E o afecțiune autoimună (adică anticorpii care ar trebui să lupte împotriva unor elemente străine se întorc împotriva propriilor structuri ale organismului) ce nu are un tratament foarte eficient și cazurile avansate ajung cu suferințe cardiopulmonare mari. Doamna D. avea o hipertensiune pulmonară impresionantă. În mod normal, cele două camere mari - ventriculii - ale inimii lucrează la presiuni diferite: cel stâng trebuie să pompeze sângele prin aortă și de acolo în tot corpul, dezvoltând lejer 120 mmHg, la nevoie și mai mult. Ventriculul drept trebuie să împingă sângele în circulația mică, adică între cord și plămâni, el lucrând la presiuni mult mai mici, de cel mult 35 mmHg. Pacienta făcuse o tensiune pulmonară estimată de 125 mmHg, adică de aproape patru ori mai mare decât maximul obișnuit al ventriculului. Pentru că hipertensiunea se mărește în timp, inima poate adopta mecanisme compensatorii și poate, până la un punct, ține un oarecare echilibru. E un termen delicat aici, pentru că lucrurile se pot strica oricând și decompensările sunt frecvente. Doamna D. stătea mai mult prin spital decât acasă și cazul pur de reumatologie devenise caz de cardiologie, uneori cu neajunsuri apărute și în sfera digestivă (disfagie, adică înghițire grea, dureri abdominale difuze, indigestii) pe care le gestionam tot în unitatea cardio, pentru că n-aveam încotro. Era sleită de puteri și nu mai suporta spitalul, mai ales că uneori stătea la perfuzii complicate până reatingeam echilibrul firav. Avea brațele ciuruite și pline de hematoame. Respira foarte greu și abia mai vorbea. Avea nevoie de doze mari de diuretic pentru a ține în frâu insuficiența cardiacă dezvoltată. Terapia dilatatoare pulmonară, menită să țină sub control hipertensiunea locală, nu prea mai putea face nimic. Totul era un câmp de luptă, exact așa cum fusese cu domnul V., pacientul de 55 de ani care-și făcuse într-o dimineață o cană cu ceai verde și-n alta închisese de tot ochii.

Când era mai bine, doamna D. se transforma în povestitoare. Avea o nepoată de care era foarte mândră - îmi spusese că a scris chiar o carte. Punea simboluri în orice și pentru orice boală găsea o explicație în felul ei; pe mine multe mă amuzau, că erau departe de adevărul științific, dar le aprobam cu respect și chiar intram în joc, pentru confortul ei psihic, poate și spiritual. Un unchi făcuse cancer pentru că adormise sub un corcoduș și-l trăsese curentul. O bunică orbise pentru că-i trăsese o înjurătură lui Dumnezeu. O nepoată făcuse o boală de inimă pentru că nu se spovedise. O soră dezvoltase o tulburare neurologică pentru că nu se căsătorise și religios. Când stai și asculți oamenii simpli, îți dai seama că fiecare are crezul său și nu-i normal să-i iei în râs, nici măcar să-i combați. Pleci capul și completezi cu o poveste, dar în tine știi cum stau lucrurile (de multe ori parțial, că nici științele nu pot explica totul). În spital o recunoșteai imediat după chipul deosebit și vocea ascuțită, dar mieroasă. Părea că se vaită, dar aveai cum să aplici o empatie proporțională, înțelegând exact prin ce trece? Pesemne că nu. N-ai cum să pricepi ce înseamnă viața unui om care e atât de aproape de moarte, la o vârstă situată încă teoretic departe de sfârșit.

Ieșim în lume frumoși, netezi, plini de timp. Pe parcurs ne sluțim, ne cutăm, ne pierdem timpul. Apoi dispărem ieșiți cu totul din formă. Doamna D. nu mai avea riduri și ăsta era un paradox dat de boală, pentru că-n realitate îmbătrânea mult mai repede. O strângeau toate, de la piele la stomac, de la plămâni la inimă. Lua un pumn de pastile în fiecare zi, între perioadele grele când stătea și la trei perfuzii automate.

– Eu știu că voi muri în noaptea asta, mi-a zis când eram la jumătatea gărzii.

– Pe garda mea nu moarea nimeni! i-am răspuns.

Am stat să analizez ambele componente ale dialogului. Știam că unii oameni presimt când vor muri. Bunica îmi povestise că mama ei i-a zis ziua și ora la care se va desprinde de lume și chiar așa fusese. Mai auzisem cazuri similare și nu găseam nicio explicație rațională. Așadar aici aveam o mare neliniște. Replica mea părea ruptă dintr-o carte de război din genul pozițiilor categorice „Pe aici nu se trece!". Putea fi și un răspuns arogant și autosuficient, chiar dacă nu asta intenționasem, ci o vorbă de liniștire, de extrasiguranță. Pe undeva era și o reconfirmare pentru mine, deoarece, parcă protejat de cunoștințe, implicare, apropiere de oameni și ceva în plus, chiar nu pierdusem niciun pacient în activitatea de gardă. Pe seară am fost supervigilent și am păzit-o atent, scufundat în cofeină. A căzut într-un somn mic, fiziologic, iar a doua zi ne-am amuzat un pic de anxietate. I-am zis și că voi mai duce acasă încă două pungi, peste sutele avute deja de la supermarket (noi strângem pungi toată viața, e o chintesență a românilor). Cele două erau de sub ochi, firește. Bio.

– Am ajuns să urăsc spitalul, mi-a aruncat într-o dimineață.

– Și eu, i-am răspuns.

O înțelegeam de ce-l ura. Uneori nu se ridica deloc din pat. Alteori arunca din pastile după noptieră (le găsea infirmiera) pentru că nu mai putea să le înghită, cred că mai mult la figurat decât la propriu. Răspunsul meu era anapoda. Nu uram spitalul, că era ancora mea principală. Aici deveneam cel mai eu, uitând de griji, greșeli, depresii. Mă aruncam în luptele oamenilor și mai ales în poveștile lor. Stăteam de vorbă cu pacienți sexa-, septua-, octa-, nonagenari sau chiar centenari. Îi vedeam cum înfloreau după boala anulată sau, de cele mai multe ori, reechilibrată. Mă umpleam cu toate lecțiile lor pe care le-am strâns în inima mea, ca o terapie bilaterală. Să nu credeți niciodată că pacientul nu-și vindecă medicul. Se întâmplă mereu. Îl șlefuiește, îi așază calm în celulele altfel destul de agitate, îi aduce nenumărate bucurii, îl ține în armonie, îi hrănește un nucleu intern care se hrănește cu binele generat altora. Actul terapeutic e mereu în dublusens și cine ajunge medic pe bune, departe de interesele obscure, își caută vindecări interioare prin vindecările pe care le face în exteriorul său.

Când a plecat acasă după o internare lungă, doamna D. mi-a cerut numărul de telefon. Mă suna sau îmi dădea mesaje când respira mai greu și o sfătuiam ce să facă, având grijă să-mi iau măsuri de precauție, mirosând când e obligatorie o internare sau merge o aparent simplă ajustare a unor medicamente. Ne „jucam" cu diureticul și puteam depăși momentele cu dispnee (dispnee înseamnă respirație greoaie), prelungind șederea acasă, într-un oarecare confort. Îmi mulțumea din suflet de fiecare dată. Am tras la indigo astfel de intervenții și chiar le-am contorizat timpul câștigat: reușisem șapte săptămâni fără internare. Era enorm. Eram bucuros. Era fericită în felul ei, alături de familie.

Am revenit într-o zi dintr-un alt stagiu și am găsit-o lipită de patul cu numărul șapte. Cele șapte săptămâni se terminaseră. Era transformată. Nu mai semăna cu nicio stare din altă internare. Nu mai producea urină deloc. Nu mai răspundea la anumite terapii. Respira tot mai greu și am transferat-o imediat la terapie intensivă, secția mare. După paisprezece zile petrecute acolo (a propos, poți folosi acest cuvânt pentru timpul stat în spital? gramatical e corect, dar pare atât de anacronic...) a revenit la noi, depășind insuficiența renală, compensând-o și pe cea cardiacă.

– Oare o să mă fac vreodată bine? m-a lovit iar.
– Măcar binișor, i-am răspuns.

Niciun pacient nu cuprinde exact ce presupune boala lui. Medicii știu, că ei învață parte fiziologică și patologică, studii clinice, răspunsuri la tratamente, statistici. Ei proiectează și înglobează totul. Pacientul nu știe când o boală e incurabilă, chiar dacă se documentează și citește acest termen; nu va accepta niciodată și se va agăța cu disperare de orice pentru a se face bine, uneori căzând chiar în capcanele unor șarlatani care pretind a trata cu terapii energetice, plante miraculoase, cristale, vrăji și alte bazaconii, pentru că ei îmbracă totul în povești ispititoare și exploatează disperarea oamenilor.

Timpul a zburat, fără să respire, că el nu are nevoie de oxigen. Plecat fiind din spital, mă întrebam de ce nu mai primesc mesaje sau telefoane de la doamna D. Existau două posibilități: se făcuse bine sau plecase. Cred că nu e nevoie de explicații exacte aici. Am preferat să cred că se făcuse bine plecând. Într-o seară derulam printre sms-uri și le-am găsit pe cele de la ea. Ultimul era „Vă mulțumesc din suflet!" N-am avut putere să le șterg, cum ea n-a avut putere să mai scrie vreunul.

67

Bunica făcea gogoși dulci cu lingura. Pregătea un aluat într-o oală mare și ciupea de acolo cu o lingură îmbibată în ulei, să nu se lipească de ea coca. Avea o tigaie diformă, arsă, din tablă simplă, dar nu se dezlipea niciodată de ea, că totul ieșea bine și lucrurile ei nu mai erau separate, ci reprezentau extensii ale sufletului, ale unei armonii prin care totul primea gust, consistență, frumusețe. Am întebat-o odată dacă pune dragoste în mâncare și mi-a zis că nu. Eram cumva dezamăgit, mă așteptam să-mi confirme un clișeu al bucătăriei cu rezultate nemaipomenite, o presărare de ingredient magic care te ia din rândul nepricepuților și te duce în cel al maieștrilor atingători de stele culinare. S-a odihnit puțin pe un scăunel pus lângă soba cu plită și cuptor din bucătăria de vară, în care de multe ori o prindeau orele târzii, pentru că făcea mâncare pentru șapte persoane, iar câteodată oferea bonusuri. S-a ridicat, că uleiul se încinsese și era propice pentru începerea scufundărilor și metamorfozelor, din cocă banală în gogoașă, din alb gălbui în galben brun, din gust anost în dulce savuros, din clei înecăcios în consistență pufoasă.

Am ieșit din bucătărie și m-am aruncat în colbul străzii. Nu mai contau orele, pentru că prietenii erau aproape și găseam tot felul de moduri în care să ne jucăm. Am descoperit mai târziu că alungarea jocurilor din viață e o cale sigură către dezastrul propriu. Că poți încă și merită să fii copil, chiar în fiecare zi. Că nu trebuie să iei nimic prea în serios. Că atunci când ți-e mai greu te poți separa printr-o închidere de pleoape și poți trage aproape amintirile vii scoase dintr-un trecut aparent mort. Că poți amesteca totul cu elemente imaginate, făcând un fel de cocă hibridă din care să ciupești cu lingura, născând gogoși. Tu câte tracțiuni faci la bara de bătut covoare? Eu fac optsprezece. Eu nu fac atâtea, dar pot să mă dau cu tot corpul peste ea. Cum așa? Așa bine. Eh, dar tata e mai puternic decât tatăl tău, știai? Nu cred asta. Dacă al tău a fost în armată - loc de luat un spic verde și de rupt pe din două, apoi potrivit bucățile una în alta - uite așa i-a zburat capul! - loc de dat cu bobârnacul în spic și de propulsat bucata ruptă în aer. Fugi mă de aici! Hai să fugim, să dăm ture de stradă și vedem acolo cine e mai puternic. Nu, că n-am adidași buni. Hai să jucăm Șapte pietre, dar să-i chemăm și pe ceilalți.

Unul dintre cele mai frumoase momente era atunci când vecinii se aliniau cumva în chef și disponibilitate. Îi găseam acasă. Nu aveam telefon, așa că mergeam până la curțile lor și-i strigam până apăreau. Grupul se mărea treptat și ne retrăgeam în fața la mine, unde aveam loc pentru toate jocurile din lume. Și când oboseam și parcă ne-ar fi prins bine ceva de mâncare, ieșea bunica pe poarta mică, cu un castron mare, plin de gogoși.

S-a abținut să spună că punea dragoste în mâncare și de-asta ieșea atât de bună. Punea în orice. Ea era o dragoste continuă, care s-a pierdut doar în aparență, pentru că atunci când închid pleoapele, pot trage trecutul, aruncându-l prin portocaliul plăcut. El devine viu, așa cum va rămâne întotdeauna.

68

După o fractură de femur, bunica a stat în pat timp de treisprezece ani. În toată perioada asta, eu am terminat liceul, am reușit să intru la medicină, am terminat medicina, mi-am dat rezidențiatul și-am ajuns până în anul trei cu pregătirea. Mare parte din poveștile scrise le-am trăit pe viu în această perioadă, și tot timpul, într-o parte a inimii mele, știam că ea e cuibărită în pat, respiră bine, mănâncă, vorbește, se uită la televizor sau pe fereastră. Nu de puține ori am consultat paciente care semănău cu ea în glas sau fizionomie, iar asta mă umplea cu o senzație ciudată, pentru că aducea în primplan posibilitatea ca oricând să părăsească patul, și nu așa cum voiam eu, adică ridicându-se pentru a merge iar, ci murind. O inveleam cu alte gânduri și o păstram sub o cuvertură groasă de ceață; știam că e acolo, dar nu voiam să o scot la suprafață. Din cauza asta, de multe ori când mă duceam acasă, nici nu puteam să intru în camera ei, pentru că în mintea mea știam că trag mai aproape evenimentul întunecat.

Nimic nu ne pregătește cu adevărat pentru pierderea unei persoane dragi. Proiectăm scenarii dificile și nu ne dorim să se întâmple asta vreodată, chiar dacă este inerent. Credem că nu vom găsi puterea să trecem peste. În realitate, puși în fața faptului împlinit, acumulăm în noi o energie care face acele zile acute să pară simple; avem scuturi augmentate și de prezența rudelor și prietenilor. Ca printr-un automatism, reușim să împachetăm moartea, depășim tristețea acută și evoluăm inexorabil în propriile noastre vieți. În zilele care urmează, am vrea ca totul să fi fost o glumă, o plăsmuire. Parcă vedem acea persoană în toate locurile din jurul nostru, în toți ceilalți oameni. Inima ni se strânge, nu acceptăm realitatea, suferim cumplit într-o tulburare care devine cronică, o carență severă ce nu mai poate fi substituită. Apoi atingem o fază de platou, ne stabilizăm la un nou nivel al vieții și ne continuăm drumul. Urmează alte pierderi, pentru că totul pare a se compensa în universul ăsta.

Când am adormit în patul vecinei care nu mai avea un picior, cu pisica lângă noi, nu știam cum e să stai prea mult în pat. Avusesem perioade în care dormisem și paisprezece ore sau stătusem câteva zile fără să mă mișc, prins cu oreionul sau vreo gripă, dar asta era tot. Doamna Didi era uneori pusă într-un scaun cu rotile și plimbată pe afară, prin ocoluri lungi până la biserică. Bunica nu putea așa. Ca să nu facă escare pe spate, era cu greutate ridicată în șezut la câteva ore, apoi pusă iar pe spate. Teama principală era de trombembolism pulmonar, adică cheag de sânge format prin venele picioarelor sau bazinului, care ajunge în cavitățile drepte ale inimii și de acolo este aruncat în arterele pulmonare, blocând o ramură. Dacă cheagul este masiv, și-am văzut în practica mea unele și de zece centimetri, blocajul e atât de sever încât inima cedează, neputând să învingă barajul. Sau mai aveam teamă de un accident vascular cerebral, dat de un cheag care să plece din cavitățile stângi în arterele creierului. Trombembolism pulmonar nu a făcut, dar un AVC cred că da, pentru că la un moment dat începuse să-și miște fără voință mâna dreaptă, răsucind-o în sensul acelor de ceas. Parcă număra timpul cu mâna. A făcut asta fără oprire.

Treisprezece ani. Pentru unii poate părea puțin, iar pentru alții e mai mult decât o viață. Eram la spital când am fost anunțat că a murit. De fapt, că moare. Se întâmpla în acele momente. Avusese niște vărsături, cred că se înnecase cu voma, nu a mai putut să respire, corpul i-a fost prins de spasme și asta a fost. În condițiile date, nu se putea face mare lucru. Oamenii pot muri extrem de ușor, din cauze ce pot părea banale.

S-a oprit și din măsuratul timpului cu mâna. Dar timpul a continuat să curgă, și eu am continuat să trăiesc.

Cred că există mereu o compensație în universul ăsta.

Cred că pierdem și câștigăm persoane, povești, bucurii, suferințe.

Chiar și timp.

69

Uneori e bine să-ți mai scoți propria inimă din corp, să o pui pe o tavă în fața ta și să o privești cu atenție. Vei învăța multe lucruri. Îți vei da seama cât de fragilă este și ce muncă trebuie să facă, fără oprire. Cum se descurcă ea în somn, la veghe, la fugă, la ridicarea de greutăți, la despărțiri de oameni, la dor, la certuri, la împăcări. Cum bate întruna, secundă de secundă, minut de minut, zi de zi, până când completează o viață și se oprește. Ai vârsta inimii tale și câte povești ai strâns în ea îți arată cât de mult ai trăit. Dacă o privești cu atenție, îi observi toate hopurile pe care le-a trecut, tot sângele care a lăsat semne în ea, toate poveștile care au marcat-o. Pentru primele, e nevoie să deschizi larg ochii. Pentru ultima parte, e nevoie să îi închizi. Când îți iei inima și o pui la loc, observi că poți merge înainte altfel. Lucratul cu inimile altora poate speria, pentru că responsabilitatea este uriașă. Reglarea lor necesită uneori gesturi simple, proceduri complicate, tratamente amestecate sau doar niște cuvinte. Există oameni care și-au neglijat inimile și ajung cu ele în piuneze, slăbite, lăbărțate, plictisite. Există oameni care le-au ascultat cu atenție și au știut să reducă ritmul, atunci când anumite condiții o impuneau. Există oameni cu inimi rele. Există oameni cu inimi mari, dar asta nu este o mărire morfopatologică și nu pune probleme. Există oameni fără inimă care trăiesc bine-mersi așa.

Când am intrat pentru prima dată în salonul de cardiologie, mi-am zis că nu voi reuși niciodată să fac bine un om venit acolo cu o afecțiune gravă. În al cincilea pat era un vârstnic cuplat la un ventilator mecanic, în comă profundă. În primul, o doamnă avea o dilatație impresionantă de aortă. În al treilea, un bărbat abia mai respira din cauza unei insuficiențe cardiace. Era prima mea zi acolo și voiam să fug, convins fiind că nu am ce să caut în mijlocul acelei suferințe ubicuitare. Nu știam de unde să apuc fiecare caz, ce să fac pentru acei oameni, dincolo de niște noțiuni pe care le cunoșteam foarte bine în teorie. Mâinile îmi deveneau amorțite și reci, nu aveam putere în picioare, nu puteam gândi limpede niște conduite sau scheme de tratament. M-am dus lângă pacientul aflat în comă, m-am apropiat de capul său, rămânând suspendat în timp, cu mușchii contractați. La naiba, nu aș vrea să vin aici și mâine, și poimâine, și-n toate zilele care vor urma. Aici e dezastru. Aici psihicul îți iese din corp și fuge cu coada între picioare. Aici, chiar dacă ești medic, inima obosește de zece ori mai repede, cu atâta uzură și suferință în jur. Nu vedeam loc pentru nicio interacțiune fericită revelatoare, un contact plin de uimire, un gest simplu încărcat cu energie pozitivă. Nu vedeam un mediu propice pentru vreo poveste frumoasă.

Timpul a zburat, cocoțat pe aripile unui avion, ca

un cascador suprem. Treptat, aveam să descopăr că acel mediu era poate mai potrivit pentru contacte deosebite, pentru povești speciale, tocmai pentru că acestea se pot naște mai bine din suferință. Au urmat conexiuni în care inimile celor două tabere, medic și pacient, s-au schimbat negreșit, evoluând sub priviri și cuvinte, dincolo de proceduri și medicații. Au urmat momente chiar suspendate deasupra rațiunii, cărora nu le-am găsit niciodată o explicație clară. Am trăit acolo scene veritabile, dezbrăcate de orice strat superficial sau mască obligatorie generată de adaptarea continuă la normele societății. Am văzut disperare și speranță. Am atins moarte și viață.

Legătura dintre medic și pacient e poate cel mai frumos lucru din medicină. Actul medical produce schimbări nu unilaterale, ci negreșit de ambele părți. De multe ori, un om are nevoie de un medic. De multe ori, un medic are nevoie de întâlnirea cu un om. Desăvârșirea în avansul nostru în viață provine din apropieri ce par haotice, dar în esență sunt foarte bine aranjate. Când îți scoți inima și o pui în fața ta, într-o sesiune de analiză profundă, îți dai seama că ea s-a schimbat și a ajuns ce este mulțumită inimilor celorlalți oameni, pe care le-ai atins fără să le atingi.

Dragă inimă,

Mă voi duce curând să-i salut pe unicorn și vulpea sa cu părul vâlvoi. Nu, nu sunt nevoit să te schimb, așa cum am făcut la început. Nu, nu am nevoie nici de un nou împrejur de tine, pentru că am ajuns să fiu mulțumit cu acesta.

Mă voi duce din când în când să văd pădurea, munții, curcubeul, când lucrurile de pe aici parcă mă vor sufoca. Dar stai liniștită, mă voi întoarce rapid, același eu, plin cu toate poveștile pe care am reușit să le strâng până acum în tine.

Și, cu ele, ne vom continua cumva drumurile.

Cu drag,
V.

70

Nu ne putem explica chiar totul. Și e bine așa. Nu știu ce-a fost cu domnul S., cel care vedea elefanți și păsări colibri. Ne întâlnim cu oameni și ei își lasă inevitabil amprenta asupra noastră, făcându-ne mai drepți sau mai strâmbi. Cred că universul și toate extensiile sale ne vor fericiți. Cred că suntem oricum fericiți, numai că ne astupăm fericirea cu prea multe gânduri. Uităm de inima noastră. Uităm să ne iubim și să iubim; atunci intervine unicornul și ne face să conștientizăm că totul ne-a fost mereu la îndemână. Mergem mai departe în viață și câteodată ne pierdem șosetele. Nu-i nicio tragedie. Ne pierdem apropiații. Atunci e o tragedie, dar continuăm pe o axă a timpului fragilă. Cineva ne ia mâinile în mâinile lui și observă că avem pielea crăpată de la vânt. Ne sfătuiește să ne dăm cu cremă. Apoi, altcineva ne cuprinde mâinile și observă că avem pielea zbârcită și crăpată de la prea mult viețuit. Suntem observatori de povești multe și protagoniști în câteva. Ducem cu noi lucruri pe care nimeni nu le va afla niciodată. Și e foarte bine așa. Uneori intrăm seara într-un salon și vedem o singură lampă aprinsă; prin lumina difuză, observăm bebelușii mari cum dorm într-o armonie pe care o mai găsești doar într-o lucrare de pictor renascentist. Nimic nu se mișcă. Un domn a fost cascador pe avioane. Altul actor în spectacole pentru copii. O doamnă a fost profesoară. Alta a trăit aproape jumătate de secol în nordul Franței. Să trăiești totul cu uimire, parcă vezi scris într-un carnețel. Să înțelegi că viața e amalgam de suferințe, bucurii, dezamăgiri, opriri, mers înainte. Să-ți dai seama că inima e primul organ care începe să funcționeze în corp și bate fără oprire, mai repede sau mai încet. Mai repede când intri la miezul nopții în Sagrada și asculți Adagio, mai încet când ești pe punctul de a adormi aproape de cineva care-ți aduce un echilibru pe care-l căutai de mult timp.

71

Am întâlnit cândva un om care conținea doar inimă. Nu-l vedeam mâncând, deci sigur nu avea stomac. Nu-l auzeam respirând, deci sigur nu deținea plămâni. Nu-l percepeam gândind excesiv, deci sigur nu avea creier. Omul acesta părea conectat doar la toate lucrurile din jur. Dacă ar fi generat gânduri despre fericire, nu s-ar fi chemat fericit. Dacă ar fi mâncat în neștire, putea pierde vreo știre importantă despre cineva care a făcut un bine mare pe undeva și urmează să facă un bine și mai mare pe altundeva. Lucrurile acestea îl inspirau teribil de mult. Dacă ar fi respirat zgomotos, s-ar fi gândit că deranjează toată lumea, iar el nu voia nici să deranjeze lumea, nici să gândească prea mult. El voia doar să-și ia puloverul portocaliu pe trunchi și să iasă la o plimbare, știind că universul îi va scoate în cale oameni care își dau seama repede ce grandioasă era inima lui. Și îi scotea, slavă cerului, dintre aceia care mai știu să privească cerul și să se bucure de albastrul lui. Îi mângâia cu o privire, îi alina, le povestea câte ceva fără să folosească cuvinte. Era suficient ca ei să se întâlnească și atunci inima mare vibra în ritmul ei special, generând liniște și calm. Trăiește totul cu uimire, părea să le transmită. Nu respira prea tare, nu gândi prea mult, nu consuma inutile resurse și stai cuibărit în prezentul care derulează în jurul tău detalii pe care dacă reușești cumva să le prinzi, le așezi în inimă și ea crește, devenind tot mai mare, până se strecoară în toate cotloanele corpului. Când ai ajuns în acest punct, vei ști. Te vei uita într-o oglindă și nu te vei mai vedea pe tine, ci doar o inimă. Vei trăi totul cu uimire.

Am întâlnit cândva acest om într-o oglindă. Îi văzusem inima. Câteodată îl pierd. Respir zgomotos, gândesc excesiv, tremur, mă frământ, palpit, mă înconjor de lucruri inutile. Nu mai știu cum să trăiesc și caut cu disperare căi de a reveni în acel punct armonios. Apoi mă retrag un pic undeva, stând doar eu cu mine, permițându-mi gânduri către poveștile din trecut, toate cu un sâmbure viu, cu o parte înălțătoare. Inima îmi devine tot mai mare pe măsură ce parcurg poveștile. Le derulez pe toate și mă lovește calmul. La început, când închid ochii, fug într-o lume specială, unde mă așeaptă un inorog și mâna sa dreaptă, o vulpe; ajung acolo speriat, pentru că nu-mi găsesc inima. Trec prin povești, cărămizile viețuirii mele. Când simt că pierd controlul, fug iar în acea lume, speriat că împrejurul meu de inimă s-a stricat. Revin liniștit, continui introspecția și-mi dau seama că toate lucrurile trăite mi-au intrat în inimă și au mărit-o, atingând-o fără să o atingă. Am devenit doar inimă. Iar împrejurul ei e acum întreaga lume prin care umblu cu uimire.

Aceasta a fost povestea inimii mele, draga de ea.

Adaos de cuvinte

Am așternut în ultima mea carte - „Să-ți pui o dorință" - niște punți fine cu această carte, „Dragă inimă". Sper că cei care le-au parcurs cu drag pe amândouă au simțit emoțiile inerente.

Maya e bunica mea, cea care, după o fractură de femur, a stat în același pat vreme de treisprezece ani (timpul acesta, a propos, a dat și vârsta personajului principal, puștiul cu cercurile negre pe cap). Am simțit nevoia să o eliberez, să-i ofer libertatea pe care nu a avut-o atâta amar de vreme, făcând-o țestoasă zburătoare, bașca și deținătoare de răspunsuri la cele mai alambicate întrebări, bucătăreasă extraordinară de mâncăruri aproape banale, dar grozave în felul lor. I-am pus ochi calzi, cum îi avea și ea. I-am pus mâini (vorba vine, că oricine știe că o țestoasă nu are mâini, ci aripioare) cu care prinde câte o sticlă de lapte din Calea Lactee, că e mult lapte în ea, doar de asta se cheamă așa. Da, e o metaforă a întâmplării în care, pe ploaie, bunica s-a dus la o vecină să-i ceară sticla de lapte de un litru pe care mi-o promisese după ce-i scosesem sfecla din toată grădina.

„Bunica îmi făcea orez cu lapte, scovergi, cartofi la cuptor și tot ce mai voia mușchiul meu. Nu știu exact care mușchi, dar înclin să cred că e vorba despre tunica musculară a stomacului. Când mănânci cu bunica aproape, de la emoții poți avea palpitații. Dacă îi spui că ai palpitații, ea îți aduce un extraveral, dar tu nu-l iei, că pastilele sunt pentru bătrâni. Tu mănânci și emoțiile mor. La fel mai poți avea când bunica vine la festivitatea de premiere de la sfârșitul anului școlar. Sau când, după ani în care a venit la rândul, nu mai vine. Și-atunci ai lua și extraveralul, dar nu-l mai ai." cred că e bucata preferată.

„Printre ele, mă voi schimba și undeva, într-un colțișor bine iluminat, voi ști că mă așteaptă o fostă bunică, poate cea mai tare din univers, cum sunt de altfel toate bunicile. Pentru că ruptura de timp se va anula, voi putea atunci să mănânc lângă ea orezul cu lapte, cu multă scorțișoară deasupra, cu și mai multe emoții în mine." am scris în *Să-ți pui o dorință.*

Și punțile nu se opresc aici, dar vă voi lăsa să pășiți pe ele singuri. *Să-ți pui o dorință* e deja disponibilă la noua editură proprie, Readers Do Good.

Câteva gânduri

Cartea asta are o istorie aparte. M-am apucat de scris la ea și, când trecusem binișor de patruzeci de capitole, am vrut să șterg totul, pentru că începeam să mă tem de mine și de reacțiile oamenilor, ale cititorilor care parcurg cuvintele, apoi taie și spânzură, în judecăți pe care le proiectam absurd, de parcă urmau să vină iminent.

Mi-am pus viața pe tavă, am scris despre cum am văzut lucrurile în spital, cum m-am luptat (încă o fac) cu depresiile. Am crezut că voi fi etichetat drept incongruent cu meseria de medic, care implică niște tării aparte și armonie psihică, deoarece pacienții se lasă pe mâna ta și așteaptă tot ce e mai bun de la tine la orice oră din zi sau noapte, percepându-te ca un supererou, nicidecum un om în carne și oase, cu slăbiciuni, răni, boli, dezechilibre. M-am temut că voi fi văzut anapoda. Impulsul distructiv s-a disipat însă repede și, într-o dimineață friguroasă, aflat lângă fereastra mea, cufundat în fotoliul extensibil extrem de confortabil, cu cana de cafea de 600 de mililitri aproape, cu telefonul deschis în mâini, mi-am jurat că voi termina și publica această carte, orice ar fi. Hotărârea era luată. Aveam să debutez și să văd apoi ce și cum.

E notoriu faptul că scriu pe telefonul mobil, într-o aplicație specială. Nu am nevoie de laptop, mașină de scris, coli albe, pixuri sau stilouri sofisticate. Nu am nevoie speciale, ci doar un pic de liniște, poate și izolare. Am scris conținutul acestei cărți în momentele puține de respiro din gărzi, cel mai mult după gărzi, când ajungeam acasă și făceam un fel de jurnal, notându-mi întâlnirile cu pacienții. Pentru că buna mea prietenă, Cristina Enache, actualmente medic primar reumatolog în Franța, îmi făcuse cadou la una dintre întâlnirile noastre o piatră în formă de inimă sculptată de un pacient de-ai ei cu poliartrită reumatoidă (da, degetele se deformează, e cumplit, dar uite că acest om își continua pasiunea), am stat pe gânduri și, la un moment dat privind roca, mi-a venit ideea să-i scriu un fel de scrisoare inimii mele. A apărut primul răvaș de aici, apoi și titlul cărții. Am legat povești din copilărie, clipe atât de frumoase cu bunica mea dragă, povești cu pacienții care au contat atât de mult pentru mine, gânduri simple cu putere mare, toate aranjate, sper eu, într-un mod cât mai natural, cu un efect aproape terapeutic asupra cititorului.

Ce a urmat după lansarea cărții m-a făcut terci, sau să zic mai bine orez cu lapte. Dragă inimă a ajuns într-un an de zile la peste 25.000 de cititori, iar mulți din ei mi-au trimis poze cu cartea de prin toate colțurile lumii, precum și mesaje de colecție. Nu voi uita niciodată scrisoarea și poza unei doamne care stătea, noaptea târziu, într-un salon de spital, veghindu-și soțul scos dintr-o operație grea. Era așezată pe un fotoliu, cu cartea pe un genunchi, iar în fundal se vedea pacientul drag, conectat la aparate. Era o imagine atât de familiară mie, pentru că am lucrat mulți ani printre aparate de acest fel, cu oameni în stări grave. Acele cuvinte m-au impresionat. Erau o călătorie superpozată pe cea din carte, scrisă cu sinceritate de o doamnă abătută, dar care găsea tăria de a spera și a rămâne puternică. Sper că sunt bine amândoi acum. Au venit mii de impresii care mi-au încălzit inima și le mulțumesc tuturor celor care și-au rupt din timpul lor prețios pentru a-mi scrie.

A fost o perioadă nebună, în care, după cum știți, au mai venit trei cărți. Nu le-am scris pe toate atât de repede, că, dincolo de bănuielile unora, chiar nu sunt robot. *Culorile uitării* a ieșit din furie, recunosc. Poate și din disperare. După povestea cu domnul D., vârstnicul bătut până aproape de moarte în acel pasaj din Brașov, am vrut să relatez totul și să continui cumva, complementar, ideile din *Dragă inimă*, ducându-le în zona creierului. A ieșit o altă călătorie printre emoții, amintiri, culori, uitare, realizare de bine. Apoi, *Medicina Povestită* a venit oarecum firesc, pornind de la materialele frumoase din #leapșadesănătate, pe care le-am strâns, aranjat și completat într-un volum de care era mare nevoie în societatea noastră. Avem nevoie ca de aer de educație medicală veritabilă, pentru că altfel nu știm ce e aia prevenție, cădem în tot felul de capcane cu fake news, apelăm la proceduri fantasmagorice și la tratamente care n-au nicio noimă și sunt departe de adevărul științific. În fine, ultima carte a venit după o dorință.

Visam să am editura mea și să fie mai mult decât o editură. Am fondat, cu mari dificultări, Readers Do Good, un proiect inovator prin care vreau să investesc sume semnificative de bani în cauze importante din țara noastră. De unde vin banii? Nu din donații, ci din vânzarea cărților la un preț obișnuit. Pentru că Oana Gheorghiu și Carmen Uscatu de la asociația Dăruiește Viață înseamnă enorm pentru mine și pentru că aveam în cap o poveste specială, am decis ca prima carte la editura proprie să fie scoasă ca o recunoștință pentru minunatele doamne cunoscute drept Binomu' magic. Iar toate încasările din romanul de mică întindere Să-ți pui o dorință să meargă în proiectul #noifacemunspital, transformând cititorii într-un Polinom al Binelui.

Mulțumesc tuturor pentru mesaje, poze, distribuiri, cumpărarea cărților. Toate contează enorm. Vom reuși lucruri frumoase dacă suntem mai mulți împreună în comunitatea #readersdogood.

Eu sunt Vasi Rădulescu, medic, scriitor și colecționar de povești. Cred că am destule și pentru un volum doi la *Dragă inimă*, cine știe. Cred că eu știu.